이래도 한평생 저래도 한평생
이왕이면
행복하게 살자

일홍스님의 이야기 주머니

뿌리출판사

일홍스님의 이야기 주머니를 열면서

 산사(山寺)가 아닌 수도권의 도시 한 복판에서 포교를 시작한 지 30년이 되어 간다.
 부처님 당시부터 출가 수행자의 거처인 가람(伽藍) 곧 절은 마을에서 떨어진 한적한 곳에 있어야 한다고 했다. 그래서 공한처(空閑處)니 원리처(遠離處) 산스크리트 말로는 아란야(阿蘭若)라고 했다.
 그런데 시정(市井)에서 포교를 하려니 크고 작은 어려움이나 제약이 많았지만 반면에 편리하고 효율적인 점도 많았다.
 아울러 세간(世間)에서 대중들과 섞여 산다는 것이 녹녹치 않았지만 워낙 오래 살아서인지 이제는 한 식구처럼 이웃들과 정을 나누며 살고 있다.

 그 동안 일홍스님께서 철이 바뀌고 시절이 흐르는 동안에 공부하시다 느끼신 것, 생각나신 것, 하고 싶으셨던 이야기를 틈틈이 적어놓으신 글이 제법 쌓였고 신도님들이 돌려가면서 읽고 감동을 받기도 하고 많은 것을 생각하게 되어 일상생활에 큰 도움이 되었다는 분이 많았다.

 그래서 좀 더 많은 분들이 읽을 수 있게 하면 어떨까 하는 생각을 하게 되어 스님의 글을 추려서 조그만 책으로 꾸며 세상에 내놓게 되었다.

본래 스님께서는 책으로 내는 것을 결코 허락하시지 않는 것을 제가 억지를 부려 단독으로 일을 저지르기로 했다. 나중에 꾸중을 듣더라도 이 좋은 글을 한 사람이라도 더 읽게 하는 것이 세존의 뜻을 받드는 길이 아닐까 생각하기 때문이다.

스님의 뜻을 어기고 부득부득 책을 내겠다고 떼를 쓴 저를 용서해 주시기 바라며 다시 한 번 죄송하다는 말씀을 드린다.

처음 내는 책이라 좀 서툴고 미진한 점이 있더라도 독자께서 너그러이 보아주시기 바란다.

2013년 癸巳 정월

현 일 합장

차   례

일홍스님의 이야기 주머니를 열면서   3

첫째 주머니   조고각하(照顧脚下)   7

둘째 주머니   수하좌(樹下坐)   63

셋째 주머니   금구설(金口說)   113

첫째 주머니
조고각하
照 顧 脚 下

조고각하(照顧脚下)

조고각하는 선방에서 쓰는 말로 『발밑을 조심하라』는 뜻이다. 자신부터 다스리고 남을 보라. 자신을 먼저 알고 남을 보라. 자신을 삼가는 것이 수행의 첫걸음이라는 경고다.

불교에서는 『입과 행동 그리고 마음으로 짓는 모든 언행을 신구의 3업』(身口意三業) 이라고 한다.
살아가면서 나쁜 업(惡業)을 짓지 말아야 한다. 내가 지은 업은 선업이든 악업이든 그 과보가 고스란히 나에게 돌아온다고 한다.
이른바 자업자득이고 인과응보인 것이다.

그래서 악업을 짓지 않고 행복을 누리려면 8가지 생활덕목인 8정도(八正道)를 닦으라고 했다.
곧 바른 견해(正見) · 바른 사유(正思) · 바른 행(正業) · 바른 생활(正命) · 바른 노력(正精進) · 바른 마음가짐(正念) 그리고 바른 정신(正定)이다.
이대로만 실천하면 마음이 안락하고 가정이 화목해서 행복을 누리며 살 수 있을 것이다.

조고각하
照顧脚下

1

부처님께서 10대 제자의 한 사람인 우파리에게 「남의 허물은 드러내려 하지 마라」고 하시었다.
자신도 깨끗하지 못하면서 남의 허물을 드러내면 「저나 잘하지」 하는 말을 듣게 된다는 말이다.
우리는 다른 사람의 허물은 잘 보면서 제 잘못은 반성하지 않는다. 또 다른 사람이 자신의 허물을 지적해주면 화를 내거나 상처를 받는다.
내가 싫은 것은 남도 싫다는 것을 깨달아 남의 허물을 들어내려고 하지 말고 내 허물을 비추어 보는 성숙한 사람이 되자.

2

우리는 억울하고 분하고 힘든 감정을 쌓아두었다가 한 번에 상대에게 표출한다. 상대가 감당하기 어려울 것이다. 분노는 법과 도를 보지 못한다.
분노가 치밀 때 능히 기뻐할 수 있으면 도를 보고 마음이 가라앉고 편안해진다. 분노는 독의 근본이다. 성인은 분노를 가라앉히고 인욕을 실천하는 이를 칭찬한다.
나를 이기고 내 안의 분노를 가라앉히는 이가 가장 훌륭한 사람이다.
〈마음이 편안했으면〉하고 바라면서도 작은 일에도 조급해 하는 사람은 마음 다스리는 법을 배우라.
누구나 걱정 불안 스트레스를 안고 산다.
미래에 대한 불안, 일에 대한 불안 등을 안고 산다.
그러나 불안을 떨치려 하지 말고 있는 그대로 인정해라.
불안은 누구나 겪는 자연스러운 심리다.
나에게 불안한 감정이 있을 때 내 몸과 마음이 편하다고 느낄 수 있을까? 아니다. 그래서 불안을 떨쳐내야겠다고 생각할 것이다.
내가 왜 이 감정—불안한 마음을 갖게 되었나? 무엇이 원인인가? 곰곰이 살펴보라.
자연히 감정을 다스릴 힘이 생긴다.
항상 감정에 메이기보다 멀리서 바라보는 사람처럼 지켜보아라.
감정을 객관화시키면 감정을 다스릴 힘이 생긴다.

3

나는 30대 봄에 3가지를 깨달았다.

첫째. 내가 상상하는 것처럼 세상 사람들은 나에 대해 관심이 없다는 것이다. 사람들은 자기 삶에 바쁘다. 내 모습이 남에게 어떻게 비칠까 조바심하고 살지 말자.

둘째. 이 세상의 모든 이가 나를 좋아하지 않는다는 것이다. 내가 모든 사람을 좋아하지 않으면서 모두가 나를 좋아하지 않는다고 투정할 일이 아니다. 나를 좋아하지 않는 이가 나를 좋아하기를 바라지 말라. 나를 싫다고 하거든 세상이치가 그런가 보다 하고 넘어가면 된다.

셋째. 우리는 남을 위해 주고 남을 위해 기도한다고 하지만 이는 나를 위한 것이다.

가족을 위한 기도도 결국은 나를 위한 기도이고, 부모가 죽어서 우는 것도 내가 외로워질 것을 생각하고 우는 것이다.

자식을 걱정하는 것도 자식이 내가 바라는 대로 되기를 바라는 내 욕심이 깔려 있는 것이다.

생각을 너무 많이 하지 말고 내가 하고 싶은 대로 하면서 살자. 내가 행복해야 남을 행복하게 해 줄 수 있다.

우리 인생을 너무 어렵게 살지 말자.

내가 행복해져서 남에게 베푸는 일조차도 즐겁게 할 수 있었으면 좋겠다.

4

용연(龍涎)이라는 최고의 향이 있는데 이는 향유고래가 오징어 같은 고기를 먹고 내장에 상처가 나서 토해낸 것이 오랫동안 바닷물에 씻기고 다듬어져서 만들어지는 향이라고 한다.
당나라의 황벽선사(斷際 希運)는 「뼈 속까지 스미는 추위가 없으면 매화향기를 맡을 수 없다」고 했다.
조개가 모래를 머금고 생긴 상처에서 진주가 생겨나고, 고래가 상처 때문에 뱉은 것이 향이 되듯이 인생에 있어서도 사무치는 고통과 치열한 마음공부 없이 어찌 바람을 거스르는 향기를 낼 수 있을 것인가?
고통 고난을 슬기롭게 대처해 나가는 진지한 삶에서 인생의 향기가 축적되는 것이다.

5

〈성냄은 마음의 불길이다.
　공덕의 숲을 태워 버린다.
　불자는 인욕을 행하여 참마음을 지켜라〉
명절에 고향에 가는 길을 내 마음대로 순조롭게 달리지 못하고, 모처럼 가족들이 모이면 서로 다툴 일이 생기기도 한다. 그러더라도 참된 불자라면 길이 막힌다고 스트레스 받지 말고, 가족 간에 다툴 일이 생기더라도 〈인욕바라밀〉 수행으로 여기고 참아야 한다.

6

가슴의 응어리는 떨쳐내야 한다. 염불·기도·참선을 하면 모질고 독한 생각이 스러진다. 그릇된 남편, 모진 아내. 야속하고 괘씸한 생각을 접고 마음을 가라앉히면 응어리가 떨어져 나간다. 기도를 하지 않으면 지옥 같은 삶에 빠진다. 상대가 나를 배신했다고 원망하면 응어리도 커진다.

왜 불행의 응어리를 키우나? 우리 마음의 채널을 욕망·욕심에 맞추면 못된 응어리는 커진다. 전생에도 그랬는데 금생에서도 그렇게 하면 〈모든 불행은 내게로 오라〉는 짓 밖에 안 된다.

마음의 응어리를 염불과 기도에 맞춰라. 그러면 욕심·욕망·감정이 스러져서 마음의 응어리를 떼어내게 될 것이다.

아놀드 토인비는 「내가 죽으면서 가져가고 싶은 것 하나를 꼽으라면 한국의 가족제도」라고 했고 또 세계의 가족학 교수들도 『한국의 가족제도』를 세계가 배워 행하면 평화로워질 것이라고 했다.

가족 안에서 사랑과 인생 예절을 배우고 구성원끼리 실천하며 좋은 일도 궂은 일도 함께 나누기 때문이다. 설에 가족들이 만나 시름을 잊고 정겨운 시간을 보내고 돌아오면 얼마나 좋으랴.

7

절에서 〈마음을 닦는다〉고 하는데 무엇으로 어떻게 닦는지 보이지 않는다. 마음을 닦는다는 것은 바꾸어 말하면 〈마음을 어떻게 쓰느냐〉는 말이다.

마음 씀씀이에 따라서 삶이 환하게도 되고 병이 되기도 한다. 마음은 쓸 대상이 있어야 한다. 인간관계 곧 친구·자식·아내 등을 통해서 확인할 수 있다.

씨앗을 뿌려서 가족이 됐지만 화목하다가도 때로는 미워하기도 하면서 살아간다.
미워하면서 살면 나 자신도 미워진다. 모처럼 나에게 주어진 삶을 그렇게 보내서야 되겠는가.
생각을 돌이켜라. 마음을 돌이키려고 마음만 먹으면 그렇게 된다.
자기의 남편 자식을 부처님이나 보살이라 생각해라.
미운 사람을 보살로 보면 전에 지은 업이 녹는다. 미워하면 업이 더 쌓여서 이번 생으로 끝나지 않고 다음 어느 생에서고 또 그 사람과 만나게 된다. 그것이 인과응보다.

8

우리는 나와 남이 다르지 않다는 것을 알아야 한다.
내가 누구에게 사랑을 받을 때 기쁘고, 상처를 받으면 괴롭듯이 상대도 마찬가지로 사랑에 기뻐하고 상처 받으면 괴로워 한다.
생각도 느낌도 나와 똑같다. 이것을 이해하면 남을 이해하기가 쉬워진다.
내 감정에 집중하기보다 상대의 마음을 헤아려 서로의 처지를 바꾸어 생각하는 지혜가 바로 역지사지(易地思之)다.
그런 지혜야말로 세상을 아름답게 바꾸고 사람과의 관계가 원활한 좋은 세상이 되게 하는 길이다.

9

사분율(四分律)[1]에 〈7가지 착한 일〉이 있다고 했다.
1. 고난을 만나도 버리지 않고
2. 가난을 만나도 버리지 않고
3. 자신의 어려운 일을 상의하고
4. 서로 돕고
5. 하기 어려운 일을 하고
6. 주기 어려운 것을 주고
7. 참기 어려운 것을 참는 것

우리는 누군가를 사랑하면 착해진다고 한다. 〈고난·가난·어려움·싫은 것〉을 참고, 나를 사랑하는 이를 위해 〈내가 양보하고 보살펴 주었나〉 되돌아 보자.

10

『입으로 악한 말을 하지 말아라.
 타인의 악한 말을 따라서 하지도 말아라.
 입으로 말을 뱉고 나면 괴로움이 남는다.
 좋은 마음·좋은 말·이치에 맞는 말·진실한 말만 하라』
누구나 할 수 있는 것이 말이다. 또 잘하기 어려운 것도 말이다. 악한 말을 내뱉으면 무거운 죄책감과 쓸쓸한 후회만이 마음에 남는다. 오늘 하루 〈남을 칭찬하는 말·배려하는 말·따뜻한 정이 담긴 말〉을 하자.

---

[1] 사분율(四分律) : 네 번에 걸쳐 편찬이 완결되었다고 해서 사분율이라고 하는 율장이다. 初分은 20권, 2分은 15권, 3分은 14권, 4分은 11권 총 60권.

11

스님들이 새겨 볼 말.
인도 북부. 옛날 사밧티(舍衛城)가 있었다는 곳에 우리나라의 한 스님이 지은 『천축사원』이라는 절이 있는데 그 절 공양간에 중국 스님이 쓴 글이 걸려 있다.
『출가 1년 동안은 부처님이 눈 앞에 계시고
 출가 2년이 되면 부처님이 인도에 가 계시고
 출가 3년이 되면 부처님에게 돈 달라고 빌게 된다.
 불제자로 20년 산 스님은 자신의 모습을 보고 불제자 만들어 준 부처님의 인연을 갚거나 감사하지 않고 부처님께 폐만 끼치며 사는 것 같다』

12

도둑질을 시킨 스승.
스승이 제자들에게 「자네들이 내 딸과 혼인을 하고 싶거든 〈세상에서 제일 귀한 것〉을 도둑질 해 오게」하고 일렀다.
신이 난 제자들이 저마다 〈귀한 것〉을 가져왔는데 한 제자만이 빈손으로 왔다.
스승이 그에게 물었다.
「자네는 아무 것도 안 훔쳐왔느냐?」
그러자 그가 말하기를 「예 저는 〈정직함〉을 훔쳐왔습니다」라고 했다.
스승은 그를 사위로 삼았다.
얼마나 정직한가 보려고 도둑질을 해오라고 시켰나 보다.
그래도 그렇지 도둑질을 시키다니.

13

불교의 중심사상은 연기설이다. 〈이것이 있으므로 저것이 있다〉는 가르침이다. 곧 원인이 있기에 결과가 있다는 것이다.
기독교처럼 절대자의 섭리나 구원으로 이루어진 것이 아니라 전생에 지은 업의 소치인 것이다.
자칫 수동적으로 받아들이는 운명론이나 숙명론으로 이해할 수도 있으나 분명히 다르다.
아프게 된 원인이 있으니 아픈 것이고 가난한 이는 가난하게 사는 까닭이 있으니, 아프면 아픈 대로 가난하면 가난한대로 살라는 것이 아니다.
현재의 내 삶이 과거의 업임을 받아들이고 그런 업을 다시 되풀이하지 않겠다고 반성하되 피하거나 남의 탓으로 돌리지 말아야 한다. 아울러 현재의 삶에 충실하고 능동적으로 바른 삶을 살도록 해서 내세에는 금생보다 나은 삶이 되도록 노력하라는 것이다

14

혜총국사(慧聰國師).
사람의 운명을 점치는 도인이 있다고 해서 혜총이 그를 만나서 「마음을 시장에 두고 왔으니 찾아 보시오」 했다.
그러자 그 도인이 「스님이 어찌 시장 바닥에 계십니까?」 하고 되물었다.
혜총이 다시 「마음을 천당에 갖다 두고 왔으니 찾아보시오」 하니 도인이 찾아 냈다. 그래서 혜총이 마음을 본래 마음자리인 무심한 경지에 두니 도인이 찾질 못했다.
그래서 혜총이 도인에게 말하기를 「반딧불만한 지혜로 사람을 현

혹시키지 마시오」하고 타일렀다.
내 마음이 사리분별에 끌리지 않으면 귀신도 어쩌지 못하며 내 마음을 다스리지 못하면 업의 노예가 되고, 내 마음을 잘 다스리면 운명도 날 어쩌지 못한다.
마음이 행동을 따르게 해야지 행동이 우리의 분별(分別) 망상심(妄想心)을 따르게 해서는 안 된다.
우리가 말하는 마음은 중생심이고 분별망상심이다.

15

부처님은 〈어진이를 비방 할 수 없고, 내가 지은 허물은 돌아와 나를 벌한다〉고 하시였다.
두 사람만 모이면 남의 험담이나 흉을 본다. 외국의 영화에, 주인공 옆에 있던 사람이 자리를 비우자 주인공은 앞의 사람과 그 사람의 흉을 본다. 그리고 주인공은 끝까지 자리를 뜨지 못한다.
자기가 자리를 뜨면 이제까지 흉을 본 그 사람들이 자기의 흉을 볼 테니 자리를 못 뜬 것이다.
남의 허물이 사실에 근접하는 것도 있고 사실이 아닐 수도 있으니 함부로 말하면 안 된다.
인격적으로 흠이 없는 사람까지 흉을 보면 흉을 보는 그 사람의 인격이 의심스럽다. 남의 탓하고 남의 흉을 보는 것은 결국 자기 마음 밑바닥에 두려움이 있기 때문이라고 한다.
진정 내가 할 말이 무엇인지 깊이 성찰하고 솔직해지도록 노력하자.

16

사춘기의 아이들.
육체가 자라고 호르몬 분비가 왕성해지고 매사에 호기심이 많아져서 성에 대해서도 눈을 뜨게 된다.
책이나 매체를 통해 알게 되었지만 왕성해진 에너지를 발산시킬 탈출구가 없어 고민한다. 자동차 운전에도 관심이 많다. 이래저래 아주 힘든 시기다.
물론 다 그런 것은 아니지만 대체로 다 그렇다. 그럴 때 인정해 주고 지켜보고 함께 고민해 주면 아이에게 많은 도움이 된다고 한다.

17

돌에 앉아 견고함을 배우고
물을 보고 청정함을 배우고
소나무를 보고 곧은 절개를 배우고
달을 보고 밝음을 배우라고 했다.
우리는 선생님 스님에게만 배우려 하는데 자연·사물·사람들에게서 배우려는 마음만 있으면 얼마든지 배울 것이 많다.
흉악한 범인·범죄자·타락한 이에게 〈죽일 놈〉 하고 욕하기보다, 한 생각 잘못이 저렇게 만들었구나 하고 내 마음과 감정을 단속하며, 스승으로 선지식으로 여기고, 내게 발심하라고 불보살이 나타나 가르쳐 주는구나 하고 생각하면 이 역시 공부 아닌 것이 없다.
우리는 남에게 지기 싫고 뒤떨어지는 것을 두려워한다.
편안하지 못하고 안락하지 못하면 하루도 못살 것 같아 발버둥친다.
생각을 바꾸지 않으면 절박하고 허탈함을 면하지 못할 것이다.
눈높이를 낮추고 인과를 바라 보아라.

18

해가 뜨고 지며 세월을 재촉하고
달이 뜨고 짐은 우리를 늙음으로 이끌고
명예 탐욕은 새벽이슬과 같고
고통 번뇌는 저녁 우뢰와 같다.
우리가 갖고 싶어 하는 것은 허망한 것이며 영원하지 않은 것들이다.
과연 우리가 찾아야 할 것은 무엇일까?
우리 모두에게는 빛이 없다.
하늘의 다리에 오르고 싶다.
그 다리는 무게가 없는 다리다.
오직 바람과 빛만이 오를 수 있다.
밟고 올라 달빛과 뒹굴고 싶고
올라가 지상을 내려다 보고도 싶지만
나는 얼마나 더 살아야 빛이 될까?
우리는 원래 빛이었다.
그러나 나는 그 빛으로부터 얼마나 멀리 떠나 온 걸까?
백억 광년으로도 모자란 걸까?
빛이 내게 오려면 얼마나 시간이 걸릴까?
빛을 밟을 수 없어 그냥 도량을 서성인다.

19

나한전의 나한(羅漢)[2]들은 개구쟁이들 같다. 각각 익살스런 표정을 짓고 있다.

부처님을 오래 동안 시봉했던 아난(阿難)은 미남이라 인기가 많았다고 한다.

천민인 마등가녀가 짝사랑을 해서 아난이 곤욕을 치르고 마침내 부처님께서 제도하셨다는 일화가 있다(摩登伽經). 경에 나올 정도로 아난은 인기가 있었다.

어느 절에 아름다운 여인이 올 때마다 꽃 공양을 하는데 그때마다 「여인이 왔느냐? 갔느냐?」하고 전화가 와서 스트레스가 이만 저만이 아니라고 한다.

40이 넘으면 자기 얼굴에 책임을 지라고 한다. 타고난 용모는 어쩔 수 없으나 심성에 따라 원만한 얼굴이 되기도 하고 험악한 얼굴이 되기도 한다.

『화엄경』에도 〈마음은 화가와 같아 얼굴에 그대로 그려낸다〉고 했다.

불교공부를 한 사람은 뭔가 다른 느낌을 주는 연륜(年輪) 있는 모습을 갖추어야 한다는 말일 것이다.

---

[2] 나한(羅漢) : 阿羅漢을 줄여서 이르는 말. 小乘의 敎法을 修行하는 〈聲聞四果〉 중 가장 윗자리. 부처님의 제자들.

20

하루 종일 봄을 찾아 다녔으나 봄은 찾지 못하고
짚신이 다 닳도록 헤맸으나 집 앞의 매화나무에
벌써 봄이 찾아 왔음을 보았네.
행복도 마찬가지겠지요. 멀리 있는 것이 아니라 가까이에 있다는 것을 모르고 찾아 헤매겠지요.
부디 이 봄부터는 허황된 생각하지 말고 지금 내가 가지고 있고 누리고 있는 것에 만족하고 행복을 느끼는 겸허한 불자가 됩시다.
오유지족(吾唯知足)[3] 합시다.
봄맞이 하는 행복한 날이 되십시오.

21

매우 아름다운 아가씨가 있었는데 마음씨도 고왔다. 그런데 시집을 가면 첫날밤에 소박을 맞았다. 3번이나 소박을 맞았다.
집에서는 4번째 시집을 보내려고 하자 그 아가씨는 도망을 쳐서 절에 가 도를 닦았다. 열심히 도를 닦아 마침내 숙명통(宿命通)을 얻었다. 숙명통은 6가지 신통력의 하나로 지난 생의 일들을 볼 수 있는 신통력이다.
그래서 자기의 전생을 보았다.
과거에 금은방을 하는 부잣집 아들이었는데 매일 밤마다 금붙이

---

3) 오유지족(吾唯知足) : 5유는 소리(聲)·감촉(觸)·물체(體)·맛(味)·향(香)의 5가지 경계 곧 외부의 자극을 말한다. 다시 말하면 귀·신체·눈·혀·코 등을 자극하는 외부의 현상(現象)을 말한다.
 이 5유가 족하다는 것을 알라는 경구다. 곧 지금 내가 처한 환경에 불만하지 마라. 탐욕을 부리지 말라는 뜻.

몇 개씩을 갖고 나가서 아가씨들과 놀았다. 그러다가 죽어서 축생계(畜生界)에 떨어져 꿩이 되었다가 죽어서 다시 금생에 예쁜 아가씨로 태어난 것이다.
누구를 원망할 수도 없고 한탄할 수도 없다. 다 내가 지은 과거의 숙업(宿業) 때문인 것이다.

22

목련의 업보.
어느 날 목련존자가 왕사성으로 탁발을 나갔다가 이교도들에게 맞아 뼈가 부러지고 피투성이가 되어 돌아왔다.
이를 보고 안타까이 여긴 사리불이 「신통이 뛰어난 분이 왜 피하지 않았느냐」고 묻자 목련이 「다 내 전생의 업보요」라고 했다.
이를 보신 부처님께서 「목련이 전생에 아내의 꾐에 빠져 한때 부모를 괄시해서 오늘 그 과보를 받은 것」이라고 하시었다.
이처럼 내가 지은 업은 신통으로도 지을 수가 없는 것이다.
목련존자가 금생의 어머니인 청제부인이 살생을 하고 아귀도에 떨어진 것을 신통력으로 보고 지옥에서 구하기 위해 대중공양을 베풀어 어머니를 구했다고 한다.
전생에는 인과법을 몰라서 업을 지었지만 금생에는 부모를 구제해서 지은 업을 소멸하고자 했던 것이리라. 이런 목련의 효행으로 시작된 우란분은 불교의 명절이자 효행의 날이다.
세시풍속에서는 이 날을 『백중』이라고 한다.

23

저승사자(使者).
우리에게는 항상 사자가 따라 다닌다.
시간시간 따르는 시직(時直)사자.
날마다 따르는 일직(日直)사자.
달마다 따르는 월직(月直)사자.
해마다 따르는 연직(年直)사자.
항상 따라 다니고 신장(神將)처럼 옹호한다고 한다.
그리고 이 사자들이 죽음으로 이끌기도 한단다. 죽음이 항상 나와 가까이 있는 것이다.

24

경흥스님.
백제 때 스님이다. 삼국통일 후 신라에 가서 문무왕의 왕사(王師)가 되었다. 문무왕이 경흥스님에게 「내가 죽으면 화장해서 동해로 나아가는 감포 앞바다에 매장해 달라」고 유언할 정도로 신임했다고 한다.
왕은 죽은 뒤에도 나라를 걱정해서 일본의 침입을 막아 나라를 지키는 호국의 용이 되겠다는 결의를 나타낸 것이다. 감포에 가면 지금도 대왕암이 밀려오는 파도에 씻기며 여전히 나라를 지키고 있다.
어느 날 경흥스님이 말을 타고 가다가 마른 생선을 어깨에 메고 구걸하는 스님을 만났다.
보기가 민망해서 경흥스님의 시자가 「스님이 왜 물고기를 어깨에 메고 다니십니까?」 하고 힐책하자 그 걸인스님이 「큰스님은 왜

두 다리 사이에 고기를 끼고 다니시오? 그래도 난 큰스님 보다 작은 고기를 메고 가지 않소?」했다.
경흥스님은 이 말을 듣고 얼른 말에서 내려 다시는 말을 타지 않았다고 한다. 역시 하심(下心) 할 줄 아는 큰스님이었다.
경흥스님이 왕의 자문을 해주느라 병이 나서 고생을 하던 어느 날 11면 가면을 쓴 여인이 와서 춤을 추었다.
스님은 그것을 보고 즐거워서 쾌활하게 웃었더니 병이 씻은 듯이 나았다.
춤을 춘 그 여인이 바로 11면 관음의 화현이었다고 한다.

25

일본스님 이야기 한 토막.
어느 날 어떤 사람이 그 스님을 찾아왔다.
그러자 그 스님이「먼 길을 왔으니 발부터 씻으시오」하고 물을 떠다 주는데 밥솥이었다. 그리고 밥을 짓는데 보니까 발 씻을 물을 떠다 준 그 솥이었다.
다음 날 아침에 세수를 하라고 물을 떠다 주는데 역시 그 솥이었다. 그러면서 하는 말이「밥을 해야 하니까 빨리 씻고 솥을 비우라」지 않는가.
한 솥으로 밥도 짓고 대야로도 쓰고. 솥은 밥만 해야 한다는 고정관념을 일깨워준 스님만의 방편이었다.

26

살아서 선업을 지으면 좋은 곳에 태어날까? 천계나 지옥에도 태어나지 못하고 축생도 되지 못한 영혼도 무수히 많다.
49재(齋) 100일재(齋) 소상(小祥) 대상(大祥)이 되도록 다시 생을 받지 못하는 영혼도 있다.
원한이 사무친 원혼 또는 제 명대로 못살고 불시에 죽은 비명액사(非命厄死)한 영혼은 순탄하게 새로 태어나지 못하고 생전에 원한이 깊었던 사람을 찾아가게 마련이다.
그러나 산 자와 죽은 자는 말이 통하지 않으니 원한을 호소해도 알아 듣질 못해 산 사람이 앓게 된다. 병원에서는 아무 이상이 없다고 하는데 본인은 죽을 것 같이 아프다고 한다. 굿을 해도 낫지 않는다. 이런 영혼은 천도가 잘 되지 않는다.

27

개미대신.
예전에 한 선비가 과거를 볼 때마다 낙방을 했다. 세번째 낙방을 하고 나오는데 어떤 사람이 「사람 만 명을 살리면 합격할 것」이라고 했다.
「아니 내 한 몸도 건사 못하는데 어찌 만 명을 살리나」 하고 다음해에 다시 과거를 치렀는데 또 낙방했다.
홧김에 술집에서 술을 한잔 마시고 나오는데 비가 쏟아졌다. 급히 우산을 얻어 쓰고 도랑을 건너다가 뭔가 떠내려 오는 걸 보고 얼른 건졌다. 건지고 보니 수많은 개미가 달라붙어 있어서 땅에 놓아 주었다.
이듬해 과거를 보는데 감독관이 「자네 합격하겠네」 했는데 진짜로 급제를 했다. 수많은 생명을 구해준 덕이었다.

28

노스님이 동승 둘을 데리고 산길을 가는데 구렁이 뼈가 있어 한 동승에게 「묻어 주어라」했다.
그 동승은 대수롭지 않게 여기고 다른 동승에게 「네가 묻어 주라」고 했다. 그 동승이 묻어 주었다.
하루는 두 동승이 탁발을 나갔다. 뼈를 묻어주지 않은 동승은 시주를 못 받고 시무룩해서 돌아왔다.
뼈를 묻어준 동승이 간 집에서는 집주인이 호감을 가지고 대해 주고 쌀 4말을 시주했다.
그 뼈가 바로 이 집주인의 전생이었다.
뼈를 묻어준 동승에게 고마운 인연에 대한 호감을 보인 것이다.

29

세상 모든 부조리, 범죄를 보고 충격만 받지 말고 이를 스승으로 삼아 보리심을 닦고 발심을 하자.
우리도 한 생각 잘못 먹으면 그렇게 되며 내 자식들도 그렇게 될 수 있다고 마음을 다잡아 나부터 모범을 보여 자식들도 욕심을 덜 줄 알고 작은 일에도 만족하며 열심히 살 수 있도록 일깨워 주자.
행복은 밖에서 오는 것이 아니다. 명예·재물·지식 등은 잘 살고 행복하기 위해서 필요한 것이지만 얻기도 어렵거니와 내 마음대로 되지도 않는다. 또 영원한 내 것이 되는 것도 아니다.
재산 명예가 출중하다고 행복한 것은 아니다. 못살아도 스스로 〈이만하면 행복하지〉하고 만족하면 행복해지는 것이다.
『성실한 남편, 이만큼 무던한 아내. 아이들도 이만하면 괜찮지』하고 부족한 것보다 있는 것에 만족할 줄 알면 행복한 것이다.

30

어머니가 바보 아들에게 농사 짓는 일을 시켰다.
바보는 며칠을 두고 땅을 조금씩 파더니 조 두 톨을 달라고 해서 어머니가 주었다.
그러자 땅에 좁쌀을 묻어 놓고 매일 똥을 싸고 오줌을 누고 정성을 들였다. 조가 자라서 나무가 되었다.
그는 어머니에게 「조를 베게 도끼를 달라」고 해서 주었더니 정말 조 나무를 베어 왔다. 어머니는 놀라며 「너도 이제 다 컸으니 독립하라」고 했다.
독립한 그가 외지의 한 집에 가서 「하루 밤 재워 달라」고 했다. 집 주인이 헛간을 내주었다.
밤에 잠을 자다가 쥐 한 마리가 헛간의 조를 먹고 있는 것을 보고 그 쥐를 잡았다.
다음 날 다른 집에서 자는데 밤에 고양이가 쥐를 잡아 먹는 것을 보고 그 고양이를 데리고 나왔다.
그가 고양이를 데리고 또 다른 집에서 자는데 그 집에서 고기 굽는 냄새를 맡은 고양이가 날뛰자 그 집 딸이 고양이를 잡아죽였다. 이튿날 아침 그는 고양이를 죽인 딸을 내놓으라고 했다.
이런 곡절 끝에 그는 그 부잣집의 사위가 되었고 색시에게 글을 배우고 지혜로워져서 잘 살았다고 한다,
〈굼벵이도 구르는 재주가 있다〉고 했다. 자기를 잘 알고 충직하게 산 줏대 있는 바보였다.

31

여왕이 남편을 가려 뽑기로 했다.
북에 무명천을 덮어씌우고 쳤다. 그리고 남편 후부들에게 「무슨 소리가 들리느냐」고 묻자 모두들 「아무 소리도 나지 않았다」고 대답했다. 그런데 한 사람이 「침묵의 소리가 났다」고 대답해서 여왕의 남편이 되었다.
말과 말 사이, 글과 글 사이의 〈침묵의 소리〉를 보고 들을 줄 알아야 한다. 그것이 더 중요하며 이런 것이 바로 이심전심이 아닐까.

32

당나라 때 배휴와 배도는 등이 붙어 있는 샴쌍둥이였다.
붙어 있던 등을 갈라서 살이 많이 붙은 배휴는 형이 되고 살이 덜 붙은 배도는 동생이 되었다. 이 형제는 부모를 일찍 여의고 외삼촌 집에서 살았다. 동생은 일찍이 집을 나가 따로 살았다.
하루는 외삼촌 집에 어떤 스님이 탁발을 하러 왔다가 형인 배휴를 보고 「저 아이의 관상이 좋지 않으니 내보내라」고 해서 배휴는 절에 들어가 살았다.
어느 날 부처님 앞에 금덩이가 있는 것을 본 배휴가 여러 날 수소문한 끝에 금덩이의 주인을 찾아 돌려주었다.
또 하루는 외삼촌 집에 한 스님이 탁발을 왔다가 형 배휴를 보고 「너는 영의정이 되겠다」고 했는데 아니나 다를까 후일 형 배휴는 영의정이 되었다.
형은 동생을 찾고 싶었다. 형이 어느 나룻터를 지나다가 한 사공의 몸을 보고 자기 동생이라는 것을 알고 「당신 이름이 배도 아니오?」하고 물으니 「그렇다」고 해서 동생을 만나게 되었다.

「나를 알아보겠느냐?」고 물으니 형님이라고 했다.
형이 「왜 나를 안 찾았느냐」고 하니 「형님은 형님 복대로 살고 나는 내 복대로 사는 거죠. 뱃사공을 하면 먹고는 살아요」 했다.
동기간에 서로 도와주지 않는다고 다투는 일이 많다.
그렇다. 동기간이라도 도움은 잠깐이다. 각자 자기 복대로 만족하며 열심히 산 동생 배도의 태도를 본받을 만하다.

33

인디언들이 하늘·바람 등 모든 자연을 귀하게 여기는 것은 그 자연 모두가 우리와 연결되어 있기 때문이다. 그 자연이 있기에 우리도 존재할 수 있다는 것이다.
내가 아는 사람의 〈불행한 소식〉을 접하면 마음이 무거워지는 것은 〈나의 삶이 나만의 삶이 아니다〉라는 것을 느끼기 때문이다.
나의 행복과 불행도 그들에게 그렇게 다가갈 것이다.
이렇게 우리는 서로 연결되어 살아가는 것이다.

34

염라대왕이 저승사자에게 「인간들이 어떻게 사나 살펴 보라」고 인간계로 보냈다. 저승사자가 헐벗고 굶주린 모습으로 다리 아래에 있으니까 구두 수선공이 자기 집으로 데리고 갔다. 아내가 반대하는 것을 잘 설득해서 같이 살게 했다. 저승사자는 「그래도 인간들이 자비심으로 사는구나」 하고 생각했다.
하루는 한 신사가 와서 「영원히 닳지 않는 구두를 만들어 달라」고 했다. 뒤에서 이를 보고 있던 저승사자가 「인간들은 자신의 미래를 한치만큼도 내다보지 못하고 사는구나」 하고 혼자 중얼거렸다.

하루는 한 귀부인이 아이들을 데리고 왔는데 이런저런 얘기 끝에 「이 아이의 부모가 다 죽어서 내가 키운다」고 했다. 저승사자는 「인간들이 서로 사랑하고 돕고 사는구나」하고 생각했다.
저승사자가 염라대왕에게 그대로 아뢰었다고 한다.
그렇다. 우리는 불확실한 미래 속에 살지만 서로 자비심으로 보듬고 살면 얼마나 좋을까?

35

수처작주(隨處作主) 입처개진(立處皆眞).
내가 있는 곳에서 주인이 되고 서 있는 곳마다 진리의 자리가 되게 하라. 가는 곳마다 주인공이 되어 주위를 밝히는 사람이 되라는 말인데 남의 집 남의 절이라도 승려로서 할 일을 스스로 찾아서 하고 내 집 살림처럼 살펴주는 이에게 해 줄 말이다.
새벽에 거리를 청소하는 분들. 동트기 전까지 더러운 쓰레기를 깨끗이 수거하겠다는 사명감으로 내 일처럼 해내는 분들이야 말로 이런 삶을 사는 분들이다.

36

스승과 제자가 길을 가다가 제자가 금을 주웠다.
그 제자가 「빨리 가자」고 채근을 했다.
그래서 스승이 「왜 그리 서두르느냐?」고 묻자 「마음이 불안하고 괴로워서 빨리 가야 한다」고 했다.
스승이 다시 물었다. 「왜 갑자기 마음이 불안하고 괴로워졌느냐?」 하자 「귀한 금을 얻었는데 잃을까 두렵다」고 했다.
스승이 「원래 없던 것을 얻었으니 도로 버리라」고 말하자 제자가 그 금을 길에 버렸다. 그리고 「금을 버리니 마음이 한결 편해졌습니다」 했다.
마음의 짐이 우리를 짓눌러 불안하고 괴롭거든 그 짐을 내려놔 보라. 잘못을 저질렀으면 빨리 사과하고, 되지도 않을 일에 마음이 가 있다면 원래 없던 것이거니 하고 빨리 포기하라. 마음이 편안해질 것이다.

37

부처님이 수보리에게 이르시기를 「금강경의 4구게를 수시로 독송하고 금강경을 널리 전하는 공덕이 칠보로 보시하는 공덕보다 크다」고 하시었다.
『4구게』(四句偈)를 늘 독송하고 다른 사람에게 전해주는 것은 매우 큰 공덕이다.
금강경을 전하는 방법은 여러 가지가 있겠지만 가장 바람직한 방법은 곧 경의 가르침을 내가 실천하여 삶의 모범을 보이는 일이다. 주위의 사람들이 그를 보면서 「저런 사람이 믿는 종교라면 나도 믿어보고 싶다」는 믿을 만한 사람이 되라는 말이다.

38

남극의 펭귄은 혹한 속에서 알을 낳고 부화시킨다. 그리고는 부부가 서로 교대로 먹이를 구해다 먹인다. 먹이를 구해 오면 새끼들은 서로 소리를 높여 어미 아비를 반긴다.
〈안녕히 다녀오세요〉〈안녕히 다녀 오셨어요?〉 평범한 인사 같지만 이렇게 배웅하고 맞이하는 한 마디가 부부간에 부자간에 또 부녀 사이의 유대감은 물론 지친 어깨에 활력이 솟게 하는 감로가 될 것이다.

39

재색지화(財色之禍)는 심어독사(甚於毒蛇)라고 한다. 재물과 여색(女色)의 재앙은 독약보다 더 무섭다. 몸과 마음을 상하게 하기에 독사에 비유했다.

재물이나 여색에 물리면 몸만 상하는게 아니라 마음까지 상하게 된다. 패가망신(敗家亡身)한다.

40

파야타야(합했다 부서졌다).

우리의 몸과 마음은 세상의 인연 따라 모이면 생이고 인연이 끝나면 죽음이다. 이 도리를 깨닫고 사는 이가 몇이나 될까? 이걸 잊고 3독에 억매여 산다.

한 묘당(廟堂, 굿당)의 조왕신이 영험이 있다는 소문이 나서 많은 사람들이 몰려 들었다.

소·돼지·닭을 잡는 등 굿을 하기 위해 살생하는 것을 보고 한 도인이 그 묘당에 가서 조왕단(竈王壇)을 치며 「기왓장과 진흙으로 만들어진 것이 무슨 영험이 있느냐」하고는 〈파야타야〉 하고 호통을 쳤다. 그러자 단이 갈라지며 한 노인이 나와서 「내가 조왕신인데 화신(化身)의 법문을 듣고 나는 이제 천상으로 가겠소」하며 인사를 하더란다.

우리는 몸이며 마음 그리고 세상일에 너무 집착하고 산다. 그러나 이 세상에 우리가 집착할 것은 아무 것도 없다는 것을 알아야 한다.

41

수행자는 자신을 낮추지도 말고 높이지도 말아라.
내가 부처라는 자존심은 가지되 자만하는 것은 금물이다. 내가 부처이듯 상대도 부처인 것이다.
내가 존귀하듯 상대도 존귀하고 〈내 생각·내 말·내 종교〉가 귀하듯 〈너의 종교·너의 말·너의 생각〉도 다 존중하라는 말이다.
그러나 세상은 〈나·내 종교·내 말〉만 옳으니 따르라는 자만심이 팽배해 있다.

42

말이 중요해서 혀를 도끼나 독사에 비유하기도 한다. 말이 남의 마음을 아프게 하거나 요사로운 일을 일으킬 수 있기 때문이다.
착하게 살면 당장은 밑지고 손해를 볼 수도 있으나 세월이 지나면 복으로 돌아온다. 똑똑한 체 약게 남을 짓밟으면 당장에 이익이 있으나 머지않아 고립과 파멸을 초래한다.

43

삼재는 12년마다 든다. 3년을 달달 볶다가 다시 다른 띠에 들어 또 달달 볶는다.
12년마다 드는 삼재의 화가 크게 미치기도 하고 가볍게 지나가기도 하는 것은 온전히 내 마음에 달렸다.
내 마음에 한 생각 잘못 일으키면 몸과 뜻(마음)으로 업을 짓게 된다. 불교의 가르침에 따르면 이렇게 짓는 업의 과보를 살아 있는 동안에 받을 수도 있다고 한다. 순간 순간마다 한마음을 잘 써야겠다.

44

나라의 왕도 할 수 없는 것이 있으며 아무리 가난해도 할 수 있는 것이 있다.
밥 먹고 난 후에 그릇을 씻어 노력을 보시할 수도 있으며 작은 먹이라도 개미에게 보시할 수도 있다. 몸이 있으니 마음만 먹으면 얼마든지 보시 할 수 있다. 나눔은 물질의 크고 작음에 있지 않다. 베풀고 나누려는 마음이 중요한 것이다.
항상 양보하는 아량과 함께 하려는 불자다운 마음으로 살자.

45

삶을 수용하는 것은 수동적이고 무기력한 일이라고 한다.
그러나 병이 오면 수용 않고 거부하며 「왜 나에게 병이 왔지? 세상은 불공평해」라고 한다. 그러지 말라. 병이 오면 「병이 왔구나」하고 인정하라. 그리고 내가 할 수 있는 일은 뭘까? 생각하라.
빨리 받아 들이면 빨리 행동하게 된다.
거부하기보다 인정할 때 능동적으로 대처할 수 있게 된다.
고민하는 대신 열정과 의지로 할 일을 한다.
근심과 거부는 시간낭비다.
받아들이는 것은 무기력하고 의욕을 없애는 것이 아니라 삶의 에너지가 살아나게 해준다.
그리고 내가 지금 할 일이 무엇인지를 알게 해준다.
나이 먹으면 모든 것을 포기하고 노년의 대책을 마련하는 것은 에너지가 달리기에 그것을 인정하고 실행하는 것이 아닐까.
남녀노소를 막론하고 자기의 현실상황을 인정하고 상황 따라 열심히 사는 것이 중요하다.

46

『평상심이 도다』(平常心是道)라는 말이 있다. 무언가를 하려고 의도적으로 꾸미지 않는 평소 그대로의 마음이 평상심이다.
잠이 오면 자고 배가 고프면 먹고. 탐내고 뭔가 억지로 하려는 마음이 생기면 고통과 집착이 따른다.
우리 존재 자체가 무(無)다. 〈나〉도 없고 〈내 것〉도 없다는 뜻이다.

47

화가 나면 가족 특히 배우자에게 화살이 간다. 묻혀 있던 과거 일까지 들추어서 서로에게 상처를 주기도 한다.
세상의 어떤 일도 한 사람만의 잘못으로 탈이 나지 않는다. 손뼉도 마주쳐야 소리가 나듯 서로가 대응하고 댓거리를 하니까 판이 커지는 것이다. 원망하고 상처를 받지 말고 문제의 핵심이 무언지 따져서 해결할 방도를 찾는 것이 현명한 처사다.
외부나 주변 사람에게 탓을 돌리지 말고 자신을 되돌아보고 해답을 찾는 인생의 주인공이 되자.

48

인생은 고해라고 한다.
그러나 지금은 힘들어도 노력하면 극적인 인생역전은 아니더라도 역전이 가능한 것은 〈무상(無常)의 원리〉 때문이다.
이처럼 역전을 하려면 안으로 자신을 비추어 보고 잘못을 고쳐서 변화해야 하는데 그것을 안 하거나 못하기 때문에 역전이 안 되는 것이다. 행복한 이는 계속 행복하기를 바라지만 무상하기 때문에 그 행복이 지속되기가 어렵다.
순탄한 경계인 순경(順境)도 언제든지 역경(逆境)이 될 수 있다.
그래서 현실이 어려워도 비관하지 말라는 것이다.
이것이 무상설의 실질적인 힘이다.

49

제자가 스승에게 물었다.「젊은 것과 늙는 것 중 어느 것이 좋습니까?」
실수와 허물을 남기지 않으려면 지금이 중요하다. 노년에 후회하면 늦다.
탈무드에 〈노인을 소중히 여기지 않으면 그 젊은이에게는 행복한 노후가 없다〉고 했으며 중국 속담에 〈나이든 말이 길을 잘 간다〉고 했다.
또 인도의 타고르는 〈노년의 무르익은 아름다움을 얻은 사람의 흰머리는 히말라야 봉우리의 만년설과 같다〉고 했다.
흰머리는 고요하고 평화롭고 누구나 고개를 숙이게 하는 삶의 훈장이다. 젊어서부터 미리 아름다운 만년설이 되도록 차근차근 준비해야 한다.
인디언 추장은 〈젊어서 그대의 혀를 잘 지켜라. 그러면 늙어서 부족에 도움이 될 몇 가지 생각이 익어갈 것이다〉라고 했다.
늙고 젊고가 중요한 것이 아니라 지금 누군가에게 도움이 되고 후회 안 할 삶을 사는 것이 중요한 것이다.

50

남극에 사는 펭귄들의 삶을 보여주는 다큐멘터리를 보면 영하 50℃의 혹한에서도 알을 낳고 암수가 서로 바람막이가 되어 알을 부화시킨다. 황제펭귄들이 서로 바람막이가 되어 주는 이들의 겨울나기 지혜가 돋보였다. 입춘이 지났지만 여전히 춥다. 몸의 추위도 추위지만 마음이 추운 이가 많을 것이다. 황제펭귄처럼 서로 위로하고 바람막이가 되어주며 살자.
자타불이(自他不二)라는 말이 있다. 나와 남이 둘이 아니고 하나라 여기며 남을 이롭게 해주는 것이 곧 나를 이롭게 하는 것이라는 말을 새겨보자.

51

성이 났을 때 덮어놓고 참기만 하면 나중에 크게 폭발하거나 원망·증오·복수심이 생기게 된다. 불법을 알고 참는 수행 곧 인욕하는 것이 좋다.
〈화를 내는 나도 없고 화가 나게 하는 상대도 없는 것〉이라는 금강경의 말처럼 화가 날 때 〈욱하는〉 마음이 바로 〈아상〉(我相)이다. 이 아상이야말로 번뇌의 근본인 것이다. 따라서 아상을 없애고 평정심을 유지하며 수행하는 것이 바로 인욕이다.
가령 상대가 나를 분노하게 하면 〈아마도 내가 과거에 그를 화나게 해서 지금 내가 그 과보를 받는다〉고 인과로 돌리는 것. 이것이 〈인욕의 수행〉이다. 또 그도 무명에서 깨어나지 못해 나를 분노하게한 것이며 그도 배우고 닦으면 자신의 허물을 알게 될 것이라고 상대의 처지를 이해하는 것도 수행이다. 이처럼 성내는 마음 곧 진심(瞋心)을 다스리는 것이 곧 번뇌를 없애는 수행이다.

52

자식을 위한 발원문.
자식의 인성 그대로를 인정하고 항상 격려하고 칭찬하겠습니다.
잘못하면 내 가르침이 부족했음을 뉘우치고, 내 아이 남의 아이를 비교하지 않고 자식의 꿈을 긍정해 주고 「잘하라」가 아니라 「즐겁게 하라」고 하겠습니다.
내 자식에게 무엇보다도 〈남을 돕고 힘을 주는 사람이 되라〉고 하겠습니다. 또 〈힘이 되는 사람이 되라〉고 하겠습니다.

53

용서.
내가 나를 용서하는 것은 마음의 평화다. 마음이 편안해지면 아마 과거의 일을 다시 곱씹지는 않을 것이다.
지금의 내 삶을 사랑하고 나와 삶을 공유하는 모든 사람을 사랑하는 것이 곧 나 자신을 용서하는 것이다.
어떤 사람은 상대가 사과하는데도 도리어 화를 내거나 아니면 받아들이는 척하고 다른 말을 만들어 내기도 한다.
부처님 당시 한 비구가 다른 비구에게 용서를 구했으나 그 비구는 다른 말을 전해서 편을 가르고 2년 동안이나 말을 하지 않았다.
그래서 부처님께서는
1. 예불 등 신업(身業)을 같이 하고
2. 찬탄 등 구업(口業)을 같이 하고
3. 신심 등 의업(意業)을 같이 하고
4. 계율 등 계법(戒法)을 같이 하고
5. 교리 등 견해(見解)를 같이 하고

6. 의식 등 이익(利益)을 같이해서
화합하라고 하시었다. 이를 6화경(六和敬)이라고 한다.
그래서 부처님 당시에는 뉘우치고 용서를 빌면 그것을 받아들여 용서가 이루어졌다. 각기 주체가 다르니 서로의 생각·견해·신념도 다르게 마련이지만 다른 이의 견해도 들어주고 받아들일 것은 받아들이면 되는 것이다. 자기주장만 하지 말고.

54

일체유심조(一切唯心造).
모든 일들은 우리의 마음에서 생기는 것이다. 두려워하거나 걱정할 것 없다. 좋은 일이건 나쁜 일이건 그냥 빙그레 웃어라.
마음이 만들어낸 것이니 그 마음을 바꾸면 해결될 것이다. 사사건건 시비하고 원망하면서 살면 부처님도 어쩔 수 없을 것이다.
지금 이 순간에 잘 사는 것이 영원히 잘 사는 것이다.

55

방하착(放下著). 다 내려놓으라는 말이다. 내려 놓기가 쉽지 않은 것은 스님들도 마찬가지다.
우리 마음을 지배하는 슬픔·불안·분노 등 생각이 떠오르는 대로 내버려 두자. 이런 감정들이 내 속에서 떠다니는 것이 나에게 유익한가? 그 답은 우리가 더 잘 알 것이다.
나에게도 남에게도 무익하니 내려 놓아라. 방하착 하라. 내려 놓는 연습을 하면 마음이 편하고 홀가분해질 것이다.
불편한 감정이 일어날 때마다 찾아온 손님이라 생각하고 돌려 보내는 연습을 하며 마음의 평화를 누리자.

56

『묘법연화경』 25품 관세음보살 보문품을 우리나라에서는 따로 떼어서 『관음경』이라고 독송하고 있다.
관세음보살 영험록(靈驗錄)에 「관음보살을 염(念)하면 지옥이 무너지고 감옥에서 풀려나게 되고 자기를 감옥에 갇히게 한 사람에 대한 원한이 자비심으로 변한다」고 했다.
이는 현실적인 감옥이 없어지는 것이 아니라 마음의 감옥으로부터 풀려나게 된다는 것이다.

57

49재.
영가에게, 이제 덧없는 세상에 대한 미련과 애착을 버리고 부처님 말씀을 듣고 마음을 깨쳐 악도에 떨어지지 말고 좋은 곳에 태어나라고 기원하는 재다.
아울러 유족들에게는 마음의 3독을 버리고 바르게 살겠다고 다짐하는 계기가 되는 재이기도 하다. 그리고 영가에게 못다한 마음의 짐을 덜어주는 재이기도 하다.
재를 올려서 영가를 편안하게 해주고 살아 있는 이들은 영가를 천도한 공덕으로 세상을 바라보는 새로운 눈을 뜨게 해서 착한 마음으로 살게 해주는 재다.
그래서 하는 일마다 다 잘 되면 그것이 천도한 공덕이 아니겠는가.
형편상 절에서 49재를 지내지 않더라도 집에서 지극한 마음으로 49일 동안 금강경이나 지장경을 독송하고 그 기간만이라도 삼독심을 자제하고 진심으로 영가를 생각하며 덕을 심는 일을 하면 그것이 바로 49재의 참뜻 아니겠는가.

58

중생세간(衆生世間).
중생이 사는 이 세상은 모든 것이 변하는데 그 도리를 모르고 변하지 않길 바라는 데서 괴로움이 생긴다.
그 도리를 뚜렷하게 인식하면 〈육신·재산·명예〉는 떠나는 것, 무상하고 허망해서 믿을 수 없다는 것을 알게 된다. 그런데도 몸뚱이가 꼭 필요한 것은 사바세계에 태어나야 도를 닦아서 마음을 깨칠 수 있기 때문이다.
천상계는 너무 안락해서 공부를 할 수 없고 지옥은 너무 괴로워서 도를 닦을 수가 없다. 축생은 근기가 너무 낮고 어리석어서 도를 이룰 수가 없다.
사바세계는 말귀를 알아들을 수 있고 즐거움과 괴로움이 적절히 섞여 있어 도를 닦아야겠다는 자각이 생겨서 공부할 마음을 낼 수 있다.
그래서 사바세계에 태어나야 도를 깨달을 수 있다는 것이다.

59

아이는 부모의 거울.
중국의 현실을 보여주는 TV프로그램을 보니 〈한 가정 한 자녀 갖기운동〉으로 생활이 넉넉하고 아이들도 행복해 보였다.
그러나 실상을 알고 보니 부모들이 맞벌이를 하느라 시간을 낼 수 없어 아이와의 유대가 돈독하지 못해 아이는 아이대로 부모는 부모대로 불만과 원망 속에서 지내고, 아이는 버릇없고 반항적이라고 한다.
불교에서는 〈아이는 부모의 거울〉이라고 한다.

아이들을 탓하기 전에 자신들이 어떻게 살아왔는지 부모가 먼저 반성해야 한다.
오늘의 일을 알려면 어제의 나를 돌아보고 내 언행에 잘못이 없었나 살피는 것이 현재를 바로잡는 지혜라고 한다.
나를 보고 그대로 따라 하는 것이 아이들이기에 〈아이는 부모의 거울〉인 것이다.

60

모든 것은 떠나간다.
나와 가장 가까운 육체도 나를 배반한다.
늙지 말래도 늙고 병들지 말래도 병들고 죽지 말래도 죽는다.
나를 버리고 떠나는 것이 진리다.
이 도리를 생각하며 육신·남편·자식에 너무 연연하지 말라.
나를 배반하지 않는 것은 참마음 뿐이라는 것을 알고 행을 닦고 정진하자. 마음공부를 하자.

61

얻으면 좋고 떠나면 슬프고 태어나면 좋고 죽으면 슬퍼한다.
태어나서 영원히 존재하는 것은 없다. 변해서 결국은 없어진다.
〈영욕〉(榮辱) 〈득실〉(得失) 〈시리분별〉 〈삼독심〉(三毒心) 〈오욕락〉(五欲樂) 속에서 싸우고 몸부림치고 아우성치는 세계만 알다가 생사와 아랑곳 없는 〈정법〉(正法) 참선을 하러 왔다.
참선하는 사람에게는 오탁악세에서 보고 겪은 여러 일들도 수행의 밑거름이 된다. 그런 것들이 생각날 때 〈이 뭣고〉로 돌려 수행에 더욱 정진한다.

62

아이의 거울 부모.
먼저 자기 자신을 바로 잡아라. 그런 후에 다른 이를 바로 잡아 주어라. 스스로가 가르침에 따라 열심히 닦아야 남도 가르칠 수 있다. 그렇지 않고 남을 가르치러 들면 누가 따르겠는가.
가정에서도 부모가 잔소리 훈계만 하지 말고 부모가 솔선수범하고 지혜롭게 생활해서 모범이 되어야 한다.
아무리 부모라도 아이들에게 「이래라. 저래라」「왜 그러니」하기 전에 자신을 돌아보고 바르게 실천하면 자연히 아이들도 따라 하게 된다. 아이에게는 부모가 거울이라지 않는가.
아이들에게 밝고 맑은 거울이 되는 부모가 얼마나 있을까?

63

해가 동쪽에서 떠서 서쪽으로 지는 현상을 거의 의식하지 않고 산다. 똑 같은 일이 어김 없이 일어날 때 그냥 지나치게 된다.
그것이 문제다. 세계가 놀랄만한 사건도 해가 동쪽에서 떠서 서쪽으로 지는 현상에 비하면 아무 일도 아니다. 해가 동쪽에서 떠서 서쪽으로 지는 것이 평범한 것 같지만 엄청난 일이다.
우리는 대가를 치르지 않고 공기를 마시며 사는데 우리 인생에 이 공기보다 더 중대한 것은 없다. 그러나 그 공기를 중시하는 이는 없다. 한 찰나에 공기가 없어진다면 이보다 더 무섭고 중대한 일은 없을 것이다.
우리가 아무렇지 않게 숨을 쉬는 일이 얼마나 위대한 일이며 중요한 사실인가를 일고 우리의 마음을 가다듬고 정신을 차릴 시간이다.

64

어떤 절에 행색이 남루한 사람이 와서 점심을 먹고 있었다. 그 절의 주지스님이 보니 걸인상은 아니었다.
주지스님이 「어쩌다 절에 와서 밥을 얻어먹게 되었소?」하고 물었다.
그러자 그는 「부모에게 많은 유산을 물려 받았는데 이렇게 됐습니다」라고 했다.
「그럼 조상덕이 없거나 세상이 더러워서 그랬다고 생각하오?」하고 주지스님이 다시 물었다.
그는 「조상덕이 모자라는 것 같아요」하고 가려는 것을 주지스님이 다시 말했다.
「당신은 많은 복을 타고 났소. 그러니 복을 많이 베푸시오」하고 말하자 「아니 내가 무슨 복이 있어 베풀겠습니까?」
절에서 나와 고개를 숙이고 정처 없이 걷고 있는데 어떤 할머니가 힘겹게 걸어가고 있었다.
그 걸인은 차마 그냥 지나칠 수가 없어서 그 할머니를 부축해 집에까지 데려다 주었다.
그 할머니는 부잣집 마나님이었다.
그 걸인에게 고맙다며 「우리 집 마당만 쓸어라. 잠 잘 곳을 마련해 주겠다」고 해서 그는 다음날부터 할머니 집 마당뿐 아니라 온 동네를 다 쓸었다.
마침내 그는 그 집의 데릴사위가 되어 잘살게 되었다고 한다.

65

어떤 사람이 화투를 치는데 져도 〈나무 아미타불〉 이겨도 〈나무 아미타불〉 하더란다. 그렇다 우리도 좋을 때는 물론 나빠도 부처님 명호나 보살의 명호를 부르면 좋을 것이다.

나와 남이 둘이 아닌 자타불이(自他不二)다. 남편부터 〈아내보살〉 〈자식부처〉 〈이웃부처〉라는 마음으로 살면 〈도로아미타불〉이 어디 있겠는가? 어디에 사느냐가 중요한 것이 아니다. 행복하게 산다는 것이 별것인가? 세상에서 최고로 즐겁고 건강한 삶을 누리기 위한 〈실천〉이 아니겠는가?

66

가족간의 종교갈등.

불자는 티를 내지 않고 갈등을 일으키지 않는다. 그러나 다른 종교를 믿는 형제들의 목소리가 크게 마련이다.

불자는 왜 갈등의 현장에서 조리 있게 설득을 못할까. 자기반성을 해보자. 종교가 서로 다를 때 타협안으로 제사는 전통의식으로 하고 시식은 불교식으로 하면 오랜 역사를 따르는 것이니 갈등이 덜하지 않을까.

제사를 불교적인 의식이라고 생각하는데 그렇지 않다. 유교식이다. 식구 중의 불자에게 교회에 나오라고 하면 절도 좋은 곳이라고 진심으로 말하라. 싸우려고 하면 물러나라. 다른 종교를 믿는 식구가 절에 온다면 큰스님께 데려가라.

동기 형제간이라도 순순히 참고 넘어가지만 말고 서로를 인정하자고 당당하게 말하라. 유연하게 대처하면 더 갈등이 생긴다. 일부러 강요하거나 짓궂게 구는 것은 횡포다. 어려운 문제다.

67

사랑은 뭘까?
한 동네에서 오빠 동생 하다 정이 들어서 다른 것은 볼 겨를도 없이 사랑에 빠지게 된다.
정이 들면 계산도 떠나고 눈이 먼다.
우리는 욕심이 앞서기 때문에 계산은 필연이다.
남편이 학벌이며 재산을 속이고 결혼했다.
그래도 내가 속았기 때문에 결혼도 하게 되었지 하고 생각해야 한다. 고마워 해야 한다.
사랑은 억지로 안 된다.
세상 사람들이 다 그렇듯이 모든 사람에게는 이기심이 있다.
나도 가끔 다른 남자에 관심이 쏠리듯이 남편도 다른 여자에게 관심을 가질 수 있다.
자신을 거울 삼아 남편을 이해 하자.
남편이 여자문제를 일으키면 남편에게 기회가 있었구나 하고 이해하면 위기는 지나가게 된다.
이때 굳이 사랑이란 말을 안 써도 인정해 주고 이해하는 것이 사랑인 것이다.
자녀들의 처지나 상대의 처지를 고려하지 않는 것은 부담이다.
사실을 사실대로 상대의 처지를 바르게 이해하고 행동하면 행복하게 살 수 있다.

68

봄이 오면 왠지 마음이 설레게 된다. 그러나 꽃 향기에 드러난 자신을 초라하게 느끼는 이도 있고 봄 볕을 쬐며 미래를 걱정하는 이도 있다.

요즈음 대학 졸업식은 예전에 비해 차분하다. 옛날에는 소 팔아 대학 보내서 졸업만 하면 취업이 되어 진로가 결정되었다. 그래서 부모에 효도도 하고 부모는 감격해서 자식 자랑도 하곤 했었다.

대학 졸업장이 흔해지기도 했지만 취업난으로 진로가 막막하여 가슴앓이를 하는 이들이 너무 많다.

대학을 나와도 사회생활로 이어지지 않는다.

운이 좋아서 혹은 재주가 좋아서 취업하는 이도 있는데 〈나는 뭔가?〉 하고 자책하지 말자. 그렇지 못한다고 사회의 낙오자는 아니다. 누구에게나 기회는 있고 다른 방법으로 진로를 찾을 수도 있는 것이다.

너무 조급해 하지 말라. 당장 살기는 어려워도 자기 몫이 있으니 믿어 보자.

생각만 바꾸면 행복이 멀리 있는 것만도 아니다. 정신만 차리면 희망의 씨앗을 뿌려 열매를 거둘 수 있을 것이다.

어찌 꽃이 봄에만 피는가.

가을까지 시차를 달리하면서 꽃이 피지 않던가? 열심히 준비하고 노력을 계속하면 시차는 있을지라도 그 동안 열심히 공부한 결실을 거머쥐게 될 것이다.

69

누군가를 안아 준다는 것은 사랑이다.
엄마가 아이를 배에 올려 놓고 안아주면 아이의 성장에 큰 영향이 있다고 한다.
성장이 미숙한 아이도 포옹해 주면 발달이 촉진된다고 한다.
누군가를 끌어안는 것은 좋은 일이다.
따뜻이 손을 잡아주고 부드러운 말 한마디 해주는 것도 좋은 일이다. 누군가에게 고마움의 표시를 하는 것은 자신을 살리고 세상을 키우는 포옹인 것이다.
그만큼 따뜻해지고 성장하게 해주는 포옹이다.

70

무엇이 우리를 행복하게 할까?
〈가짐〉이다. 그러나 그것만이 우리를 행복하게 해줄까?
〈가진 것이 없다〉.
그것이 내 본마음이다.
그 본마음이 본능적으로 무언가를 갖고자 하고 일부라도 채우려고 안달하는 마음을 내려 놓으라.
그러면 우리는 행복의 한 가운데에 있을 것이다.
어떤 대상이나 현상·경계가 닥치면 혹은 기뻐하고 혹은 슬퍼하면서 우리의 마음이 점점 지쳐간다.
세상이 쉼 없이 변화한다지만 내 마음만 안정되어 있으면 기쁨이나 슬픔에 동요하지 않는다.
거기에 진중한 마음이 있고 깨달음을 향해 한 걸음씩 나아가게 될 것이다.

71

사람은 모든 것을 자기의 뜻대로만 보고 듣는다.
내 마음에 가짐 곧 선입견이 있으면 가족이든 동료든 바르게 보이질 않는다.
그것은 가족이나 동료 탓이 아니라 내 마음이 그렇게 보는 것이다. 눈 앞의 현상만 보는 이도 있고 그냥 그렇게 지나치는 사람도 있다.
세상을 보고 내 마음이 일어나면 내려 놓으라.
즐거운 것도 내 탓이고 마음에 안 드는 것도 내 탓이라는 것을 알게 되면 불국토로 가는 것도 멀지 않으리.

72

인생이 야박한 것 같다.
사람마다 겉으로 풍기는 모습은 달라도 삶의 무게는 다 가지고 있다.
선입견이나 이미지 등 그 사람의 한 단면만 보고 그것이 다라고 단정하지 말아라.
있으나 없으나 고우나 미우나 차분히 들여다 보면 모두가 삶의 고통에 시달리며 살아간다.
다들「내 삶은 왜 이래?」하며 산다.
그러나 나 하기에 따라 세상이 웃기도 하고 각박해지기도 한다.
내가 바뀌어야 한다는 것이다.

73

그리스 유적지의 한 비석에 〈요즘 아이들은 버릇이 없다〉는 글이 적혀 있다.
그렇다. 세계의 모든 부모들이 걱정하는 것은 자식들이다.
그러나 그 말 안 듣는 아이들이 바로 부모의 거울이고 부모의 작품인 것이다.
음으로 양으로 아이들이 그렇게 하도록 만들기도 했고, 부모들이 잘못하는 것을 보고 아이들이 그것을 답습하기도 한 것이다.
아이들뿐 아니라 주변의 친구며 아는 이들도 마찬가지다.
모두 내 선입견과 고정관념으로 그들을 대하다 보니 서로 마음에 들지 않는 일이 생기는 것이다.

74

한국에서는 여성들이 아직도 저평가되고 있다고 생각된다.
예전에 비하면 많이 향상되긴 했지만 아직 미흡하다.
한국기업이 뽑지 않는 여성을 외국기업이 뽑아서 돈을 벌고 있다.
〈남자는 하늘 여자는 땅〉이라는 말은 평등을 무시하는 말이 아니라 남자는 남자대로 여자는 여자대로 서로의 역할과 가치가 있다는 뜻이다.

75

사람은 누구나 시인이고 화가다. 어떤 마음으로 시를 읊고 그림을 그리느냐의 차이다. 불안한 마음상태에서는 좋은 시나 그림이 나올 수 없다.
인간은 완전한 것 같아도 불완전하다. 그렇지 않기를 바라는 마음 곧 온전하고 바른 마음이 행복이고 이상인데 그런 마음은 가까이 있기도 하고 혹은 멀리 있기도 하다.
내 행복은 어디쯤에 있을까?
살다 보면 비도 오고 눈도 내린다. 비 내리면 비 맞고 눈 내리면 눈 맞으면 되고. 그러나 인생살이 만만치 않다. 돈 있으면 행복한가? 백이면 백 아니라고 한다. 그렇다. 돈이 다가 아닌데도 늘 부족하다며 허덕이는 게 문제인 것이다.

76

우리는 어떤 일을 할 때 이 일이 나에게 어떤 이익이 있는지 생각하고 앞으로 어떤 이득이 있는지 생각한다.
훗날 이득으로 돌아올 것이라는 것은 생각하지 않는다.
오늘 당장 행복하지 않으면 의욕이 없고 좌절한다.
멀리서 보면 보잘 것 없는 나무도 가까이 가서 보면 훌륭한 나무다. 그 동안 앞만 보고 사느라 보지 못했던 행복이 지금이라는 것을 깨달으라.

77

한 30대 남자가 화장품 가게를 하는데 어느 날 한 고객이 「사장님 인상이 너무 굳었어요. 좀 웃으세요」 하더란다.
이 말을 들은 그는 매일 웃는 연습을 했다. 그리고 26년이 지나자 400개 점포에 직원 5,000명을 거느린 큰 화장품회사 사장이 되었다.
자기가 하는 일을 잘 알고 그에 걸맞게 버릇을 고치자 진정 〈크게 웃을 일〉이 성취된 것이다.
불교에서는 〈수처작주〉(隨處作主) 하라고 했다. 자신이 몸 담고 있는 분야의 최고 프로가 되라는 말이다.

78

불교는 현실도피의 종교가 아니다. 현재를 가장 중요하게 여긴다. 하루의 삶 속에 백 년의 세월이 있다고 한다.
또 100년을 살려고 하지 말고 하루를 잘 살도록 노력하라고 한다. 이는 지금 이 순간 순간을 충실하게 최선을 다해 살 때 바람직한 과거와 미래가 있기 때문이다.
〈평상심시도〉(平常心是道). 평상심이야말로 바로 도라는 뜻이다. 도가 떠로 어딘가에 있는 것이 아니라 일상생활에서 순간마다 최선을 다하면 도를 이룰 수 있다는 것이다.
그러나 우리는 밥 먹을 때 밥만 먹지 않고 TV 보고 얘기하고 생각도 한다. 잠 잘 때도 잠만 자지 못하고 꿈을 꾸며 이리저리 뒤척인다.
평소에 자신의 일상생활을 일념으로 행할 때 도에 가까이 가게 되는 것이다.

79

사람이 웃으면 〈반달 눈〉이 되고 입은 꼬리가 올라간다. 그러면 마음도 웃는다고 한다.
아기들은 하루에 300~400번 웃는데 어른은 하루에 10번 웃기도 어렵다고 한다.
아이들에게서는 생기가 느껴지지만 어른 얼굴은 피로와 주름만이 가득하다.
젊은 나이를 꽃다운 나이라고 한다.
매화꽃이나 배꽃이 예쁘고 향기롭지만 꽃이 진 뒤의 매실이나 배는 더욱 값진 결실이다.
비록 젊음은 가더라도 보다 값지고 유용한 연륜이 밴 노후가 되도록 살수 있다면 얼마나 좋을까?

80

사랑과 종교.
남녀가 서로 사랑해서 결혼을 하지만 행복하기 보다는 문제가 더 많다고 한다.
결혼한 커플 중 1년에 30만 쌍이 이혼을 한다고 한다.
그런데 프랑크 필랜 교수가 연구한 보고서에 따르면 종교인인 부부들은 서로가 만족하고 이혼도 덜 한단다.
서로 관심을 기울이고 서로 기도해 주고 서로를 마음속에 담고 있어 상대방의 비중이 커서 사랑이 더 다져지고 행복할 수 있다고 한다.
서로의 몸과 몸이 만나는 것도 중요하지만 마음과 마음이 만나는 것이 더 중요하다는 말이다.

81

인간의 괴로움은 온갖 욕망과 허영에서 비롯된다고 한다.
모피코트를 입고 고양이를 안고 가는 모습에서 엿보인다.
동물을 보호한다면서 짐승의 목숨과 맞바꾼 모피를 거리낌 없이 입는 모순 말이다.
조용히 쉬고 싶다면서 갖가지 번잡스러운 것들을 다 끌어안고 놓지 않는다.
맑게 살고 싶다면서 온갖 것을 다 쌓아 놓고 산다.
우리 중생의 삶은 모순과 욕망투성이다.

82

고민의 90%가 가족에게서 비롯된다.
관계를 잘못 맺은 탓에 생긴 갈등이다.
부부는 모르는 사람과 만나서 경제적으로 덕을 보고 편해지려고 맺어진 사이다.
그것이 사랑이라고 착각을 한 것이다.
결혼을 하고 나면 이기심 · 자기 주장 · 자기 감정만 내세운다.
상대를 탓하기 전에 시작부터 어찌 했는지?
지금은 잘하고 있는지?
자신을 살펴보고 잘못은 고치자.
바라지만 말고 내가 해줄 것을 먼저 생각하면 상대도 달라질 것이다.

83

수원리악우(須遠離惡友).
악한 이는 멀리 하고 어질고 착한 이를 가까이하라는 말이다.
수행자의 인연 중 첫 번째는 스승과의 만남이고 두 번째는 도반과의 만남이다.
부처님께서는 〈좋은 도반과의 만남은 도의 전부를 얻는 것과 같다〉고 하시었다.
악한 친구로 인해 나의 좋은 점이 나빠질 수도 있고 또 나에게 잠재되어 있던 나쁜 생각이 드러나 행동하게 할 수도 있다.
착하다는 것은 바르게 생각하고 바른 소견을 지니고 바른 말과 행동을 하는 것이고 좋은 친구는 팔정도를 충실하게 행하며 상대에게 좋은 영향을 미치는 사람이면 족하다.

84

새끼와 함께 고속도로에 버려진 유기견.
사람 손에 살다가 새끼와 함께 버려진 개가 추운 겨울에 고속도로변을 떠나지 않고 지키고 있었다.
버려진 그 곳에서 주인이 오기를 기다린 것이다.
그러다 새끼가 죽었다. 어미가 울더란다. 사람이나 짐승이나 어미의 마음이야 다 같을 것이다.
개를 버린 사람도 나름대로 사정이 있겠지만 〈내가 지은 행위의 결과가 한치의 오차도 없이 내게로 돌아온다〉는 것을 곰곰이 생각해 봐야 할 것이다.

85

남에게 착하게 하되 보답을 바라지 말아라.
〈내가 너를 도왔으니 그 은혜를 잊지 말아라〉하고 바라면 어느 순간 눈길을 피하고 고개를 돌리다가 나중에는 멀리하게 된다.
〈머리 검은 짐승은 거두지 말라〉는 속담이 있다.
그러나 힘 닿는 데까지 은혜를 베풀고 자비를 베풀되 보은을 바라고 칭찬을 바라고 베풀어선 안 된다.
한번 속고 두 번 속더라도 어려운 처지를 보면 그래도 베풀어야 한다.
베푼다는 상(相)을 내지 말고 대가를 바라는 마음 없이 〈이 뭣고〉 하면서 베풀면 된다.

86

애지중지 하는 자식들도 때가 되면 헤어져야 한다. 좋아하는 사람과 헤어지는 것은 괴로움이다. 원수처럼 미운 사람과 만나는 것도 괴로움이다.
직장상사나 싫은 친구를 외나무다리에서 마주치거나 그들이 눈앞에서 알짱대면 이것도 괴로움이다.
미운데도 같이 사는 부부는 사는 자체가 괴로움이다.
무의식 중에 미워하는 것도 용서를 구하고 〈미안합니다. 용서하세요〉〈고맙습니다. 사랑합니다〉하며 세척하라.
세척해야 이 괴로움에서 헤어난다.

87

보시 중에서도 최고의 보시는 법보시(法布施)다.
보시는 나를 버리고 내 것을 덜어서 남에게 아낌없이 베푸는 것이다. 물론 조건 없이 베풀어야 한다.
재물을 베풀어 주거나 내가 알고 있는 진리를 알려주는 것 또는 두려움을 덜어주는 것 등 여러 가지 보시가 있다.
다 훌륭하지만 한 사람의 정신세계를 열어주는 일 곧 진리의 법을 알게 해주는 법보시가 으뜸 보시다.
금강경에는 〈경전을 공부하고 그것을 다른 사람에게 베풀어 주는 것이 크나큰 공덕〉이라고 했다.

88

금강경을 독송 수행하고 병이 더 악화되었다.
금강경을 열심히 독송하고 참회하면서 수행을 했더니 몸의 병이 더 악화되어 당황했다.
그러나 이것이 전생에 지은 큰 업이 녹는 것이라는 말씀이 생각나고 또 금생에 알게 모르게 지은 업이 녹는 것이라는 것을 알고 더 열심히 독송하고 참회했더니 좋은 의사를 만나게 되고 가족의 도움으로 지금은 한결 나아졌다고 한다.
기도 공덕에도 시차가 있다고 한다.
포기하지 않고 열심히 하면 기도의 열매가 익어 좋은 결과가 온다고 한다.
당장에 과보를 바라지 말고 부처님의 말씀을 믿고 행하다 보면 좋은 결과가 있게 된다.

89

사람과 사람 사이에서 받는 스트레스가 가장 크다.
연애를 하거나 사랑을 하면 〈내게도 이런 유치한 면이 있고 어린애 같은 면이 있었나?〉 하고 깨닫게 된다고 한다.
그래서 사랑이야 말로 사람을 성숙시키는 과정이라고 한다.
시중의 저자 거리로 나가서 시끄러운 가운데에서도 나의 중심을 잃지 않게 된다면 진정 공부가 잘 된 것이다.
일상 속에 도(道)가 있다.
생활 속에서 마음의 평정심(平定心)을 잃지 않고 고요히 지킬 수 있다면 굳이 산중이나 선방에 가지 않고도 내가 있는 그 자리가 바로 도를 닦는 도량이다.
이것이 진정한 수행이고 선(禪)이다.

90

강과 바다에는 수많은 생명들이 살고 있다.
이질적인 것들이 모여 있어 서로 불리할 것 같지만 이질적인 것들이 모여 있기에 다양하고 풍부한 것이다.
사람도 나와 다른 생각과 의견을 가진 사람들과 함께 어우러져 사는 가운데서 성장하는 것이다.
나와 다른 의견도 경청하고 나를 탓하는 말에서 나의 단점을 발견하고 고친다면 서로 성장하는 좋은 세상이 되고 서로 다툴 일도 없을 것이다.
여린 새싹이 나무 껍질을 뚫고 나와 신록의 계절을 이루듯이 사람들도 서로 서로 작은 자비의 마음을 내면 살기 좋은 세상이 될 것이다.

91

남하고는 속내를 감추고 겉으로 위장을 하다가도 가족에게는 그러질 않는다.
한 식구니까 막 대해도 되려니 생각하는데 그래선 안 된다.
특히 불자라면 가족과의 관계에서 자신의 수행을 다져 본다.
내가 나를 위하지 않는다면 누가 나를 위해 주겠는가.
그렇다고 나 자신만을 위하는 삶을 산다면 불자로서 무슨 의미가 있을까?
자신을 중히 여기고 아울러 이웃에게도 베푸는 삶을 살자.

92

두 사람 사이에 다툼이 있거든 양설(兩舌)로 화합시켜 자비심을 내게 하라.
양설중죄(兩舌重罪)라고 이간질은 큰 죄악이라고 하지만 두 사람이 감정적으로 맞서 있을 때는 좋은 의미의 양설이 필요하다.
한 사람에게 가서 「그때 그 사람이 너를 그렇게 칭찬하더라」 하고 말하고 다른 한 사람에게 가서는 「네가 그런 사람이 아니고 좋은 사람이라고 하더라」 하고 화합시켜라.
대중생활을 하려면 서로 자비로운 마음으로 화합하게 해주어야 한다.

93

통즉불통(通卽不通).
통하려고 하면 통하지 못할 것이 없다는 말이다. 통하면 아프지 않고 안 통하면 아픈 곳이 있게 된다.
몸의 기가 통하면 아프지 않듯이 우리가 사는 세상의 이치도 이와 다르지 않다.
나와 세상이 소통하면 건강하고 소통하지 못하면 아프고 탈이 난다.
이런 소통은 서로 배려하고 남의 말을 경청하려는 마음에서 시작된다.

94

몸　-생로병사(生老病死).
마음-생주이멸(生住異滅).
자연-생주이멸(生住異滅).
우주-성주괴공(成住壞空).
계절-춘하추동(春夏秋冬).
만물은 무상하여 변하고 마침내 공이 된다. 또다시 새로이 나서 변하고 흘러간다.
그래서 이왕 무상하고 공이거늘 현재를 충실하게 그리고 최선을 다해서 후회 없이 산다면 지금의 내가 변하여 태어나는 미래에는 두려움 없는 삶이 되지 않을까.

95

8풍(八風). 8법(八法)이라고도 한다.
세간을 사랑하거나 미워하는 등 사람의 마음을 흔드는 8가지를 바람에 비유한 것.
1. 이(利) : 내 마음에 들고 이롭게 하는 것.
2. 쇠(衰) : 내 마음에 들지 않고 손해되는 것.
3. 훼(毁) : 내 뒤에서 날 비방하는 것.
4. 예(譽) : 내 뒤에서 나를 칭찬하는 것.
5. 칭(稱) : 내 앞에서 나를 칭찬하는 것.
6. 기(譏) : 내 앞에서 나를 비방하는 것.
7. 고(苦) : 나를 괴롭게 하는 것.
8. 낙(樂) : 나를 즐겁게 하는 것.
수행인은 물론 일반 사람들도 이 8가지 바람에 흔들리지 말라는 말이다.

96

〈내 것〉이라고 집착하는 데서 근심이 생긴다.
〈내 것〉이라는 집착을 끊으면 근심이 없어진다.
가족간의 갈등은 〈내 남편〉〈내 아내〉〈내 자식〉이라는 소유욕 때문에 일어난다.
내 뜻대로 되지 않거나 내 뜻을 따라주지 않으면 배신감을 느끼고 실망한다.
그리고 원망으로 치달아 화가 나는 것이다.

둘째 주머니
수 하 좌
樹　下　坐

수하좌(樹下坐)

수하좌는 붓다께서 출가한 제자들에게 제일 먼저 설하시는 4가지 생활수칙(四依) 중의 첫째다.
곧 나무 아래서 생활하라는 것이다. 지붕 아래 침상에서 생활할 생각은 아예 하지 말고 철저한 검약(儉約) · 무소유의 생활을 하라고 하신 것이다.

붓다께서는 『탐욕보다 더 무서운 불길은 없다』고 하시며 우리 마음에 3가지 독이 있기 때문이라고 하시었다.
곧 『탐욕 · 성질부리는 것 · 어리석음의 3가지 독(貪瞋痴三毒)』이다. 모든 번뇌와 악행의 씨앗인 이 3독을 잘 다스려야 한다.

그러기 위해서는 가장 기본적인 오계(五戒)를 지니고 충실하게 실천하는 것도 한 방법일 것이다.
첫째. 산목숨을 죽이지 마라(不殺生).
둘째. 남의 것을 함부로 갖지 마라(不偸盜).
셋째. 삿된 음행을 하지 마라(不邪淫).
넷째. 말을 삼가라. 허망한 말을 하지 마라(不妄語).
다섯째. 술을 마시지 마라(不飮酒).

붓다의 가르침대로 욕심을 버리고 맑고 바르게 살면 나와 내 가족 그리고 이 사회의 모든 사람들이 행복을 누리며 살 수 있을 것이다.

수 하 좌
樹　下　坐

1

『탐욕은 마음을 속박하고
 탐욕은 마음을 이리저리 휘두른다.
 탐욕은 독이요 치열한 불길이다.
 탐욕은 불빛을 보고 달려들어 타죽는 불나방과 같다』
부처님께서도 「나는 아직 이(貪欲)보다 더한 속박과 고통을 보지 못했다」고 하시었다.

2

눈에 보이고 손에 잡히는 것은 비우고 놓을 수 있으나 보이지 않은 것은 놓기도 어렵고 비우기도 어렵다.
그러나 그냥 두면 끊임없이 나를 괴롭힌다. 개에 물렸다든가 음식을 먹고 고생을 한 기억은 마음 속에 남아 있다가 어떤 계기에 되살아난다.
큰스님들께서는 괴로움 슬픔 등은 물론이고 기쁜 기억도 놓으라고 하신다. 오직 현재의 삶과 믿음 그리고 수행만이 이런 기억의 굴레에 매여 있는 나를 자유롭게 해준다.
우리는 무엇이든 꼭꼭 채우고 산다. 그러나 모래 위에 쓴 글씨가 바람 한번 불면 지워지듯이 마음에서 지워버리고 비우면서 살자.

3

물질이나 재물을 탐내고 긁어모으는 탐욕은 아낌없이 베푸는 보시로 없애가야 한다.
가난한 이는 어떻게 좀 얻어 쓸까 바라기나 하고 넉넉히 가진 사람은 베풀 줄 모르고. 이들은 다 욕심 속에서 사는 것이다.
부지런히 일하고 열심히 벌어 쓰되 필요 이상 소유하려 하지 말고 청빈(淸貧) 검소(儉素)하게 사는 것이 욕심 없이 사는 것이다.
특히 남을 위해 베푼다면 탐욕을 없애는 좋은 수행이 될 것이다.
붓다께서는 『수입의 4분의 1은 생활비로 쓰고 4분의 1은 일가친척 그리고 친구와 이웃을 돕는데 쓰고 4분의 1은 재투자 하고 4분의 1은 저축하라(四分法)』고 하시었다.
이를 현대생활에 대입해서 곰곰이 따져보면 매우 합리적이라는 것을 알 수 있다.

4

알았으면 고치고 변하고 있으면 노력해라.

누군가가 나에게 무례하게 해서 화가 났다면 나도 누군가에게 그렇게 했었을 것이다. 그렇게 대응하면 안 되지만 대개들 그렇게 한다. 그러니 피장파장이다.

용서하지 않으면서 그를 흉볼 이유가 없다. 할 말 다 하고도 아직 화가 안풀려서 말을 하지 않거나 그 사람을 흉보기도 한다.

용서는 나를 위한 선물이다. 친구가 용서되지 않을 때, 지금은 용서되지 않더라도 조금 시간을 가져 보라.

나는 지금 괴롭지만 친구는 내가 괴로워하는 것을 모를 수도 있다. 그렇다면 괴로워하고 고통스러운 나만 손해가 아닐까?

내가 편안해지기 위해서 용서해야 한다. 그러면 내 마음이 한 뼘쯤 넓어지고 서로 좋은 친구로 남을 것이다.

5

나의 명예와 돈은 나의 것이 아니다.

나의 마음만이 나의 것이다. 이 도리를 알려면 존재의 무상(無常)을 알아야 한다.

그리고 우리 중생들에게도 선한 마음과 남을 도우려는 마음이 있다는 것도 알아야 한다. 그러나 은행이 강도에게 털렸다고 안타까워하지 않지만 내 돈 10,000원이 없어지면 찾느라 야단이다. 이렇듯 우리는 나의 이익 앞에 초연하지 못한다. 욕구와 무명(無明) 때문이다.

욕구와 무명은 우리의 육신이 있기에 생긴다. 우리가 얼마나 사는지 모르지만 그래도 마음만은 덜 더럽히면서 살자.

6

마음은 크기가 얼마나 되고 어떤 모습일까? 마음이 편하면 그 어떤 것도 용납하지만 마음이 좁아질 때는 사소한 것도 용납하질 못한다. 마음을 깊고 푸른 광대한 바다라고 생각하자. 바다는 많은 생명을 품고 있다. 파도를 일으키기도 하자만 바다 속은 항상 고요하다.

우리를 괴롭히는 많은 일들. 속상하게 하는 일들. 그것들이 파도를 일으키고 수초처럼 흔들리지만 우리의 마음을 광대한 바다로 만들면 그런 것들은 잠시 일어나는 것에 불과한 미미한 것들이다.

7

금강경에 등장하는 수보리는 출가하기 전 남의 허물을 보고 다투기를 좋아했으며 머리가 좋아서 다루기 힘든 사람이었다.

부처님께 출가한 뒤에는 조용한 곳에서 마음수행에 정진한 끝에 어떤 경우에도 남과 다투지 않는 무쟁(無諍)삼매를 이룩한 훌륭한 제자가 되었다.

금강경에『수행한 결과에 애착을 갖는 것도 집착하는 것. 곧 법집(法執)이 된다』고 경계했다. 아무리 수다원 · 사다함 · 아나함 · 아라한과(聲聞四果)[1]를 성취해도 집착하면 수행이 퇴보된다고 한다. 흐르는 강물처럼 머물음 없이 진보적으로 변화해야 한다. 비록 아라한과에 올라 더 이상 배울 것이 없어도 거기에 안주하지 말고 다시 발심해서 중생을 구제하겠다는 서원을 세우고 자신도 열반에 이를 수 있도록 수행하는 보살도를 실천해야 한다.

---

1) 聲聞四果 : 부처님의 가르침을 듣고 수행해서 모든 번뇌를 끊은 제자들을 聲聞이라 했고 그 중 첫 단계를 수다원, 그 위 단계를 사다함 · 아나함이라 하고 최고의 경지를 阿羅漢이라 했다. 이들을 四果라 한다.

8

견성(見性).
〈선을 닦으라〉고 하나 원래는 〈성품을 바로 보라〉고 해야 맞다. 우리는 원래 〈참성품〉을 갖추고 있기에 마음을 바로 보고 마음 속의 망상을 버려야 깨칠 수 있다. 이것이 견성이고 이렇게 닦는 것이야말로 바른 선수행이다. 그러나 선수행을 하는 근기(根器)[2]가 어찌 다 같겠는가? 그러니 〈찾아라. 화두를 들어라〉 하는 것이다.

9

반야심경의 무무명(無無明).
무명조차도 없다는 뜻이다. 무명도 고정불변인 실체가 있는 것이 아닌 공(空)이기 때문에 마음의 어리석음을 참회하고 돌이키면 순간 밝음이 된다는 것이다.
또 우리는 모두 불성을 지니고 있는데 그 불성은 밝음이고 지혜이며 자비이므로 우리는 본래 무명이 아닌 것이다.
이를 깊이 믿고 달라지려고 노력하고 정진해야 한다. 불법을 통해 내 몸도 마음도 그리고 세상의 모든 것이 다 공이며 무상하다는 것을 알고 애착 · 집착 · 차별을 하지 말아야 한다.
인연에 순응하며 담담하게 살면 무명도 점점 엷어지고 그에 따라 우리의 업도 맑아져서 언제까지나 무명 중생으로 남아 있지 않고 깨달음을 향하게 될 것이다.

---

2) 근기(根器) : 根은 타고난 성품 · 능력 · 소질 등을 말하며 그 성품에 따라 법을 받아들이므로 그릇(器)에 비유한 말. 안 · 이 · 비 · 설 · 신 · 의의 6根과 거기서 나오는 믿음 · 노력 · 가치관 · 정신 · 지혜를 5力이라 한다.

10

수행의 목적.
1. 마음공부. 본격적으로 하되 선업도 악업도 짓지 않고 이미 지은 업을 소멸해서 다시는 윤회하지 않는 불생(不生)을 체득한다.
   생사라는 크나큰 문제, 일대사(一大事)를 해결하는 것.
2. 선근(善根)을 심어 좋은 곳에 태어나는 목표.
   선근은 선행으로 이루어진다. 곧 보시 등 선한 행동 그리고 이웃과 사회를 위해 공헌하는 것이 선업이다.
   다른 이들이 모두 몸과 마음이 건강하고 고통 받지 않도록 해주려는 자비로운 마음이 곧 선량한 마음이다.
3. 요긴한 일이 아니면 산문(山門)을 나서지 말라.
   당돌하게 서열을 어기지 말라.
   요즘 사람들은 무엇을 하든 어른을 섬기기 보다 자식부터 챙기려 한다.
   내가 이처럼 차서(次序)를 모르면 나도 대우받기가 어려워진다.

11

한용운 스님의 〈님의 침묵〉.
임만 임이 아니고 그리운 것은 다 임이다.
중생이 석가의 임이라면 철학은 칸트의 임이다.
〈님은 내가 사랑하고 나를 사랑하는 분〉이라는 말이 있다.
많은 임이 있다. 국민에게는 국가가 임이요 불교인에게는 부처님이 임이고 정치인에게는 정치가 임이다.
중생이 부처의 임이기에 3세 제불 모든 부처님(三世諸佛)이 중생을 제도하고 살리려고 수천 수만 번씩 몸을 바꾸어 중생계에 오신 것이다.

중생이 그 부처님의 임이기에 때로는 호랑이로 때로는 사슴으로 때로는 왕자로 때로는 토끼로 몸을 바꾸어 오신다.

그러나 우리는 어떠한가? 재물·명예·정욕·음식·수면 등 오욕락(五慾樂)이 우리의 임이 된 것 같다. 한번 생각해 볼 일이다. 정의와 진리를 임으로 삼아 책임감을 가지고 수행해 보자.

조선 14대 왕 선조 23년(1590)에 일본 도요토미의 사신이 와서 「명(明)을 치려고 하니 조선을 통해 가도록 해달라」고 해서 일본의 실정을 살피기 위해 일본에 통신사(通信使)를 보내기로 했다. 서인인 정사(正使) 황윤길은 다녀와서 「머지않아 병화(兵禍)가 있을 것」이라고 했고 동인인 부사(副使) 김성일은 「별로 염려할 일이 아니다」라고 보고 했으나 2년 뒤 선조 25년(1952)에 일본군이 쳐들어 와서 임진왜란이 일어났다. 이렇듯 자기 당파에 따라 임인 나라를 보는 안목이 달라서야 어찌 임을 사랑한다 하겠는가.

부처님이 우리를 임으로 여기듯 우리도 부처님의 가르침을 임으로 삼아 나의 근기에 맞는 수행법으로 수행해서 자기도 이롭고 사회도 이롭게 하는 불자가 되어야겠다.

12

서산대사는 낮에 닭이 우는 소리를 듣고 「장부의 일을 마쳤노라」라고 했다. 옛 도인은 복숭아꽃이 피는 것을 보고 깨치기도 하고 또는 빗자루로 마당을 쓸다가 돌멩이 부딪치는 소리를 듣고 깨치기도 하고 장꾼들이 욕하며 멱살잡고 싸우는 모습을 보고 깨닫기도 했다고 한다.

우리도 열심히 하면 어느 때 어느 경계에서 홀연히 깨닫게 되는지 누가 알겠는가. 그러니 깨달음의 기회가 혹은 인연이 잠깐 한눈

파는 사이에 지나갈지도 모르니 정신 바짝 차리고 열심히 화두를 참구(參究) 하자.

부모 있어 이 몸이 태어났고, 나라가 있어 이 땅에서 편히 살고, 스승이 있어 까막눈을 면하고, 군인·경관·농군·기술자들이 있어서 하루하루 편하게 산다.

붕우 도반 없이는 혼자서 공부를 못한다. 서로 이끌고 탁마하며 공부하는 것이다.

13

행사가 끝나고 식사 시간이 되어 달라이라마를 식당으로 안내했다. 채식주의자라는 것을 알고 채식으로 준비를 하기로 했는데 육식을 먹는 곳으로 갔다.

당황해 하는 이들에게 「소박한 육식도 먹습니다」라고 해서 그냥 그 식당에서 먹었다. 다음날 신문이 〈달라이라마는 채식주의자가 아니다〉라고 대서특필 했다.

육식을 금하라고 했지만 상황에 따라서는 자연스럽게 먹는 것도 무방할 것 같다.

물론 자연스럽게 먹었더라도 고기를 먹은 과보는 받을 것이다. 그러나 달라이라마는 육류를 섭취한 악업보다 훨씬 큰 선업을 지었으니까 그 업보는 극히 미미할 것이다.

남들이 보는 데서는 거룩한 척하고 보지 않는 데서는 온갖 악업을 짓는 이에 비하면 얼마나 솔직하고 떳떳한가. 달라이라마가.

14

성철스님은 〈산은 산 물은 물〉이라고 했다. 보통 때 그냥 산을 보면 산이고 물을 보면 물이다. 아니 내속에 뭔가가 꽉 차서 산이며 물을 못 볼 수도 있다.
그러나 깨닫고 보면 산도 산이 아니고 물도 물이 아닌 것이다. 편견이 끊어진 경지에서 보니 그렇다는 것이다.
그런데 그런 경지마저 끊어진 대자유인의 경지에서 보니 산은 그대로 산이고 물은 그대로 물이더라는 것이다.
지금 내가 보는 산과 물은 어떤가? 마음에 뭔가를 꽉 담고 사는 것이 중생이지만 그래도 순간순간 〈세상을 분별하지 말고 있는 그대로 보고〉 눈앞의 내 일에 최선을 다하라는 말씀인 것 같다.
항상 부처님의 가르침에 감사하고 이웃을 위해 좋은 일을 하는 그런 불자가 되자.

15

당나라 때 백장(百丈)스님은 90세가 넘어서도 손에서 호미를 놓지 않았다. 보다 못한 제자들이 호미를 감추었더니 스님은 공양을 들지 않았다.
「하루 일하지 않았으면 하루 먹지도 말라」(一日不作 一日不食)고 한 스님이다. 우리는 일하지 않고도 먹고 살만큼 재물을 마련해 놓고 편히 살기를 원한다.
부처님께서는 일체중생이 모두 〈귀하고 중요한 존재〉라고 하시었다. 땅속의 미생물도 나름대로 일을 해서 사람들에게 먹을거리를 제공하는데 일조를 한다. 우리도 편하게 살려고만 하지 말고 중생을 위해 열심히 일해서 도움이 되는 존재가 되도록 노력하자.

16

부처님 당시 한 제자가 사리불을 모함했다. 그러자 사리불이 부처님 앞에서 나아가서 아뢰었다.
「제 마음은 마치 대지와 같아서 나를 향해 돌을 던져도 화를 내지 않으며 꽃을 주어도 즐거워 하지 않습니다. 설사 그보다 더한 일을 당해도 구애 받지 않습니다」라고.
반야심경에 등장하는 사리불은 칭찬에도 비방에도 흔들리지 않았던 수행자였다.
그렇다. 원한은 용서하면 그것으로 끝난다. 사리불은 항상 멀리 계신 부처님을 대신해서 목련과 함께 제자들을 깨우쳐 주고 용서하고 배려해 주던 상수제자였다.
그런 사리불이 부처님보다 먼저 세상을 떠났다. 붓다께서 제자들이게 「심장이 텅 빈 것 같이 쓸쓸하구나」라고 하셨다.
사리불은 부처님 보다 나이가 많았고 제자 중의 장로(長老)였다.

17

보조국사의 입적(入寂).
보조국사(普照國師)는 고려 때 지눌(知訥)스님의 시호(諡號)다.
1210년 3월 27일.
병석에 누워 있던 스님이 일어나더니 법고를 쳐서 대중을 모이게 했다.
그리고 향을 사르고 염불을 하고 설법을 하시고 난 뒤 「내 목숨을 산승(山僧)들에게 맡기니 마음대로 하시오」라고 끝을 맺자 한 제자가 「유마거사의 병과 스님의 병이 같습니까?」 하고 물었다.
그러자 스님은 「너는 같고 다른 것만 보는구나」 하고 주장자를 세

번 내리치고 나서 「천만 가지가 여기에 다 있다」고 하시고 입적하시었다.
그 때 스님의 세수(世壽) 53세. 법랍(法臘) 46세.
고려 21대 희종(熙宗)이 슬퍼하고 〈불일 보조국사〉라는 시호를 내렸다.
시호는 생전에 공덕이 많은 이가 죽은 뒤에 그 공덕을 기리어 붙이는 이름이다.
저서는 〈수심결〉〈정혜결사문〉〈원돈성불론〉〈계초심학인문〉〈진심직설〉〈간화결의론〉〈염불요문〉〈상당록〉 등이 있다.

18

후일 이조판서(吏曹判書)가 된 이식(李植)[3]이 유념스님 곁에서 공부하고 있을 때 일화 한토막.
많은 학식을 쌓고 있는데 유념스님이 몸져 눕게 되었다. 그래서 이식이 「저는 어찌합니까?」 하니 「뭐가 걱정이냐. 삼라만상이 다 스승인데. 배우려는 마음만 있으면 얼마든지 공부할 수 있다」고 했다. 특히 〈사람의 겉모습으로 판단하지 말라〉고 강조하고 임종했다.
이후 이식은 밥하는 스님에게서 많은 것을 배웠고 벼슬길에 나아가서는 참판을 거쳐 이조판서까지 올랐다.
요즘 〈고액 족집게 과외〉만 고집하는 이에게는 들리지 않을 말이다.

---

3) 이식(李植) : 1584(선조 17)년~1647(인조 25)년. 인조 때의 명신. 문장가. 1610(광해군 2)년에 문과 급제. 선전관 · 이조좌랑 · 대사간 · 대사헌 · 형조판서 · 이조판서 지냄.

19

소동파(이름은 軾, 東坡는 號).
소동파는 관식·학식·문장 등 남에게 빠질 것이 없었다. 하루는 말을 타고 큰스님을 찾아가서 문답을 했다.
그러다 큰스님이 돌아서더니 「악」 하고 고함을 치고 「내 도가 얼마나 나가겠는가」하고 물었다. 그러자 소동파는 말문이 막혔다.
대답을 못하고 무안을 당한 자신이 너무 분해서 말을 타고 계곡을 내달렸다. 그러다 문득 흐르는 계곡의 물소리를 듣고 「아하」 하고 의심이 풀렸다.
〈흐르는 계곡의 물도 법신불이요. 삼라만상 모두가 부처님의 장광설(長廣舌) 아님이 없구나〉 하고 게송을 지었다.
부귀영화는 사라지고
건강한 몸도 질병이 들고
젊음도 늙음으로 변하고
목숨도 죽음 앞에 무너진다.
지혜로운 마음으로 정법을 잘 닦아야
임종에 두려움이 없게 된다.
집착을 없애야 죽음 앞에 두려움이 없고
좋은 곳에 날 것이다.
고귀한 재물, 사랑하는 모든 것들
가지고 갈 것은 아무것도 없고
현생에 쌓은 업고(業苦) 쌓은 선행만이
나와 함께 한다.
자운스님 말씀. 「꽃도 너를 사랑하는가?」
일방적으로 자기 처지에서만 보지 말고 상대의 처지에서 소통하라는 말씀이다.

내 이득만 취하거나 내 처지만 생각하지 말고 상대의 처지가 되어서 생각해 보라는 말씀이다. 마음에 담아둘 글귀다.

20

4조(祖) 도신스님과 5조(祖) 홍인스님의 인연.
선종의 시조인 달마대사는 혜가(2祖)에게 법을 전했고 혜가는 승찬(3祖)에게 승찬은 도신(4祖)에게 도신은 홍인(5祖)에게 홍인은 혜능(6祖)에게 전했고 6조에 이르러서 혜능은 남종(南宗)으로 신수는 북종(北宗)으로 갈리었다.
이 중의 4조인 도신스님에게 늙은 신선이 와서 제자가 되겠다고 하니 도신스님이「너무 늙어서 안되겠다」고 퇴했다.
그러자 그 신선은「내가 몸을 바꾸어서라도 제자가 되리라」고 마음 먹고 길을 나섰다. 때마침 참한 처녀가 지나는 것을 보고「그대 집에서 하루 밤 묵어가자」며 처녀의 집으로 가서 그 처녀의 태에 들어 갔다.
처녀가 아이를 뱄으니 집에서 난리가 났고 그 처녀는 쫓겨나 길에 서 해산을 하고 걸식으로 연명을 했다. 그런데 이상하게도 아이를 데리고 나가면 걸식이 잘되는데 혼자 나가면 밥을 얻어먹질 못했다.
어느 날 아이를 데리고 걸식을 다니다 도신스님이 머물고 있는 곳에 이르렀다.
스님이 보아하니 여인의 행색이 매우 초라한데 그 아이를 보니 낯이 익었다. 스님이 아이를 자세히 보니 얼마 전에 제자가 되겠다고 왔던 그 신선의 얼굴이었다.
그래서 스님이「너의 아버지가 누구냐」하고 물으니 그 아이는 서슴지 않고「부처님」이라고 대답했다.

스님은 바로 그 자리에서 아이의 머리를 깎고 제자를 삼으니 그가 바로 5조인 홍인스님이다. 6조 혜능에게 법을 전한 분이다.
그 후 이 절에서는 어머니를 모시고 살았던 4조 도신스님의 효행을 기리고 그 어머니를 위해 전각을 세웠다고 한다.

21

쇠똥불 헤쳐 가며 감자 구워 먹는 맛.
「왕사(王師)니 국사(國師)니 다 내 알 바 아니오. 게을러서 콧물도 못 닦는 주제에 내 어이 도(道)를 알리요. 묻지를 마오」
왕이 왕사를 삼으려고 신하들을 산골에 보내냈다. 그 스님은 콧물을 질질 흘리며 고구마를 구워 먹고 있었다.
왕의 뜻을 알리니 묵묵부답이었다.
신하들이 돌아와서 왕에게 아뢰니 왕은 「다시 가서 모셔오라」고 해서 신하들이 다시 가보니 역시 또 얼굴에 검댕을 바르고 감자를 구워 먹고 있었다.
왕의 요청에는 묵묵부답이었다.
왕은 「다시 가서 스님을 모셔 오라」고 해서 신하들이 또 갔다.
여전히 고구마를 구워 먹던 스님은 다 먹고 나서 목을 들이댔다.
그 스님은 머물고 있던 곳에서 떠나지 않고 앉은 자리에서 세 번 왕의 청을 거절하고 참수를 당했다.

22

불립문자(不立文字)[4]가 한국불교를 망쳤다고 하는 이도 있다.
어찌 부처님 가르침과 지혜를 모르고 깨달을 수 있겠나?
부처님도 5년은 계율공부, 5년은 경전공부를 한 후에 참선에 들어갔다고 했다.
아마 우리 중생의 사량분별(思量分別)과 망상이 하도 많으니 그런 것들을 끊고 불교의 이치를 직관(直觀)으로 깨칠 수 있는 참선수행으로 깨치라고 〈불립문자〉를 말한 것이다. 또 그렇게 깨달은 이들이 많으니 생긴 법인 것 같다.
그러나 여러 사람이 자신의 근기에 따라서 여러 방법으로 수행하고 있으니 인연 따라서 하면 될 것 같다.
성철스님은 「스님께 한 말씀 듣고자 합니다」 하면 「자기 자신을 들여다 보라」고 하셨다. 또 「나를 만나려면 1000배를 해라」고 하셨다.
1000배를 하는 것이 쉬운 일은 아니다. 또 자기 자신을 돌아보는 것 역시 쉬운 일은 아니다.
절을 하며 나를 돌아보고 본래 지니고 있는 불성을 깨치라는 뜻이었을 것이다.
우리도 누군가에게 〈어떻게 사는 것이 잘 사는 것〉인지 조언을 구하고 싶을 때가 있다.
가끔 절을 하며 자신의 내면을 들여다보는 속 깊은 삶을 살자.

---

[4] 불립문자(不立文字) : 참된 진리는 마음에서 마음으로 전하는 것이니 따로 말이나 문자로 하지 않는데 참뜻이 있다는 말.

23

왕자로서의 모든 것을 버리고 출가하여 길에서 살다 길에서 열반에 드신 분이 부처님이시다.

부처님께서는 한 나무 밑에 3일 이상 머물지 말라고 하셨다. 무언가에 집착하고 소유하려 애쓰지 말라는 의미일 것이다.

가족간의 갈등 부모자식간의 갈등은 애정을 넘은 집착에서 오는 것이다.

길에서 열반하신 부처님께서 보여 주셨듯이 우리들이 이 세상에서 가져갈 것은 아무것도 없다.

아상(我相)을 버리면 깨달음에 한 걸음 다가가게 될 것이다.

24

임제록(臨濟錄)에 〈금가루가 아무리 귀해도 눈에 들어가면 병이 된다〉고 했다. 아무리 좋고 가치 있는 것이라도 그것에 매이지 말라는 것이다.

금도 눈에 들어가면 병이 되듯 어느 것은 옳고 어는 것은 그르다는 집착은 병이 된다.

어떤 선행 어떤 수행이든 모두가 다 우리를 바르게 하는 신행(信行)이다. 내가 하는 일에 상(相)을 낼 것도 없고 인연 따라 하되, 이런 수행 저런 수행·독경·주력 등 이것 저것 따라 다닐 것도 없다.

25

〈성내지 않음〉으로 노여움을 이기고
〈선〉으로 악을 이기고
〈나눠 가짐〉으로 인색함을 이기고
〈진실〉로 거짓을 이기자.
마음에 도사린 교만을 없애라.
붓다의 10대 제자 중 한 사람인 아나율 존자(尊者)는 갓 출가했을 때 수행에 전념하지 않았다고 한다.
어느 날 부처님의 설법을 듣다가 졸았다. 설법이 끝난 뒤 부처님께 꾸지람을 듣고 「이제부터 잠을 자지 않고 수행에 전념하리라」며 잠을 자지 않고 수행 전진한 끝에 육신의 눈을 잃고 말았으나 대신 마음의 눈인 천안통(天眼通)을 얻었다.
아나율이 사리불에게 「내가 천안통을 얻었는데 왜 깨닫지 못합니까」하고 물었다.
그러자 사리불이 말하기를 「나는 천안통을 얻었다는 교만한 마음이 그대의 깨달음을 막는 것」이라고 했다.
〈내가 안다〉〈나는 할 수 있다〉는 교만이 세상과의 소통을 막는다고 한다.
아는 것이 많더라도 오로지 〈모르는 사람〉으로 세상을 살면 고요해진다고 한다.

26

인생고해(人生苦海).
고통을 바다에 비유한 말이다.
산골짝의 물이 내가 되고 또 강이 되어 바다가 된다.
바다는 청탁(淸濁)을 가리지 않고 다 받아들여 한맛으로 만든다.
마치 불·보살이 일체중생을 자비로 품어서 제도하는 것과 같다.
바다의 파도와 격랑(激浪)은 우리 마음에 요동치는 번뇌요, 고요해진 바다는 번뇌가 사라지고 고요해진 마음이다.
바다가 모든 물을 포용하듯 우리도 힘들고 어려운 것을 다 받아들이고 「부처님. 저에게 숙제를 주셔서 감사합니다. 최선을 다해 답을 찾겠습니다」하고 더욱 정진하는 것이 불자의 지혜다.
우리 앞에는 소용돌이 치는 고난과 난관이 있으나 모든 물을 받아들이는 바다와 같이 인생의 난관과 고통을 불·보살의 지혜로 품고 감내하라는 뜻이기도 하다.

27

도인(道人)도 다시 몸을 받아 태어난다고 한다.
다시 태어나기 위해 어머니 태에 들어가는(入胎) 순간 득력(得力) 곧 생전에 닦은 공부를 잊어버리고 태어날(出胎) 때 나머지마저 잊어버린다고 한다.
다시 태어나서 30~40년 공부를 해야 전생에 닦은 공부를 회복하게 된다고 한다.
이처럼 공부나 수행은 웬만큼 철저히 하지 않으면 이렇게 업력(業力)에 끌려서 잊기 쉽다.
인간은 누구나 욕망이 있다. 욕망 그 자체가 나쁜 것은 아니다. 우리의 삶을 활력 있게 해주는 중요한 요소가 되므로 필요한 것이다.
그러나 반면에 우리를 꼼짝 못하게 얽어 매기로 한다.
재물은 가까이 할수록 해가 많아진다. 동서고금을 통해 재물과 명예를 가까이 하다가 패가망신한 예가 한 둘이 아니다.
당나라의 방거사는 평생 모은 재산을 멀리 바다 한가운데에 내다 버리고 왔다. 누구에게 주면 그에게 화근이 되기 때문이었다.
오욕락(五欲樂) 가운데에서도 재물욕을 다스리기가 가장 어렵다고 한다. 더구나 현대는 〈돈이 전부〉라는 세상이니 돈에 구속 당하지 않을 수가 없다.
재물이라는 굴레에서 조금은 자유로워져야 하는데 도시생활을 하려면 말처럼 쉬운 일이 아니다.

28

조선시대의 구정(九鼎)선사.
구정스님은 본래 비단을 팔러 다니던 행상(行商)이었는데 오대산의 노스님을 만나서 출가했다.
하루는 노스님이 행자(行者)의 근기를 시험하려고 가마솥을 걸라고 했다.
행자가 가마솥을 다 앉히고 났더니 노스님이 보고 「비뚤었으니 다시 걸어라」해서 행자는 다 뜯고 다시 걸었다.
노스님은 이번에도 비뚜로 걸렸다며 다시 걸라고 했다. 그러기를 9번이나 다시 걸라고 해서 행자는 불평 없이 했다고 한다.
이를 본 노스님은 그제서야 그의 근기를 인정하고 아홉 구(九)자에 가마솥 정(鼎)자로 법명을 지주었다고 한다.
인욕하고 최선을 다하는 것이 중요하다는 일화 한토막.

29

입은 말을 하고 귀는 소리를 듣는다. 그러나 우리는 말은 많이 하지만 듣기는 싫어한다. 말이 많으면 화근이 된다(口是禍門).
많이 듣는다는 것은 남의 말을 경청(傾聽)하는 것이다. 좋은 소리며 법문을 열심히 들으면 지혜로워지고 지혜로운 사람이 되면 사람들의 존경을 받게 된다.
설사 귀에 거슬리는 말이라도 불자는 안으로 돌이켜 반성하는 기회로 삼아야 한다.

30

스님과 고양이.
어떤 스님이 산 속의 〈독살이〉가 하도 적적해서 고양이를 사다 키웠다고 한다.
처음에는 위안이 되더니 차차 번거롭고 걱정거리가 되었다.
집을 비울 때 끼니는 챙겨 먹는지. 행여 산짐승에게 해코지는 당하지 않을까. 걱정이 이만 저만이 아니었다.
어찌 애완동물 뿐이겠는가.
내 욕심을 채우는 만큼 그 대가와 과보가 따르는 것이 불교 인과법의 이치다.
우리는 비우고 내려 놓을 줄 알 때 즐겁고 여유롭게 살 수 있는 것이다.

31

무주상(無住相) 보시.
보시하는 이는 큰 복도 작은 복도 바라지 않고 이익도 바라지 않고 손해도 따지지 않고 좋은 일이 생길 것을 바라지도 않고 보시해야 한다.
우리는 늘 무슨 일이든 손익을 따지고 계산하며 산다.
남에게 〈준다〉〈베푼다〉는 마음 없이 베풀어야 진정한 보시다.
아까워하지 않고 주는 일을 자꾸 하다 보면 무주상보시가 된다.
서로에게 힘이 되도록 작은 것이라도 나누는 삶을 살아보자.

32

〈불설 우란분경〉에 목련이 죽은 어머니 청제부인을 아귀도에서 구해내는 이야기가 나온다.
부처님께서 이르시기를 「음력 7월 15일 안거가 끝나는 날, 안거 중에 저지른 자신의 허물을 낱낱이 들어 참회하는 자자(自恣)를 행한 도력 높은 스님들께 널리 공양을 하고 기도하면 어머니를 구제할 수 있다」고 하시었다.
우란분은 부처님의 탄신일·출가일·성도일·열반일과 더불어 불교의 5대 명절이다.
부처님 당시부터 이어져오는 불교행사이고 이생의 부모와 전생의 부모께 효불공을 드리는 날이다.

33

파사현정(破邪顯正) 척사현정(斥邪顯正).
삿된 것을 파하고 바른 것을 드러냄.
우리는 삿된 것을 물리치기 위해 불보살이나 혹은 선지식께 도움을 청한다.
그러나 불보살이나 선지식은 본 모습으로만 나타나는 것은 아니다. 역행보살로 나타나거나 역경계로 나타나서 우리가 깨우치도록 한다.
우리는 칭찬을 해주면 좋아하지만 조금이라도 싫은 소리를 하면 싫어한다.
그러나 그 속에서 나를 돌아보고 고칠 수 있어야 성장하는 것이다. 그리고 언제 어디서나 불보살님이나 선지식을 만나게 되는 것이다.

34

금산사.
금산사는 전라북도 김제군의 우악산에 있는 절이다.
살기 좋은 미래를 꿈꾸는 이들이 시주 역할을 한 절이다.
백제 법왕이 창건했다고 하나 법왕은 단 1년(서기 599년) 동안 왕위에 있었으니 실제로 창건한 것은 그 아들인 무왕(서기 600~640년)이라 할 수 있다.
진표율사가 미륵불의 수기를 받고 장육불(丈六佛)을 모시고 중창했다. 나라 잃은 백제인이 좋은 세상을 떠올리게 한 것이다.
삼국시대 궁예나 많은 이들이 미륵을 자처하기도 했으나 미륵세계는 어느 걸출한 인물에 의해 이루어지는 것이 아니다.

우리 모두가 착하고 선해져서 미륵세상이 되게 하거나 미륵이 있는 도솔천에 가서 태어나려는 신앙이다. 그래서 미륵 상생(上生)신앙 미륵하생(下生)신앙이라 하지 않는가?
진표율사는 10가지 조목을 지어 〈살생·도둑질·성내지 않기〉 등을 지키게 하며 좋은 세상을 만들어야 미륵이 하생한다고 깨우쳐 주었다.

35

사람에게는 두 마음이 있다고 한다.
하나는 몸이 세상을 살아가는데 꾸려가는 마음이고 또 하나는 영혼의 마음이다.
살아가기 위한 마음에만 치중하면 욕심과 탐욕은 점점 커지고 영혼의 마음은 차츰 줄어든다.
우리는 삶과 몸을 꾸미는데 치중하며 살아간다.
영혼의 마음을 쓰는데 치중한다는 것은 어떻게 사는 것일까?

36

양나라의 무제(武帝)가 지공화상(指空和尙)에게 「내가 전생에 무슨 복을 지었기에 금생에 이렇게 복을 누립니까?」하고 물었다.
그러자 지공화상이 「한 나무꾼이 산에 가니 부처님께서 맨몸으로 계신 것을 보고 비바람을 그대로 맞는 것이 안쓰러워서 진심 어린 마음으로 소중한 갓을 씌워 드린 공덕으로 복락을 누린다」고 일러 주었다.
물론 양 무제가 한두 가지 복을 지었겠나. 아마도 그 중의 한 선행이었을 것이다.

37

어떤 부부가 떡 3개를 얻었다. 각자 하나씩 먹고 나머지 한 개는 말을 끝까지 안한 사람이 먹기로 했다.
그 집에 도둑이 들어 가져갈 것을 다 꾸려 놓고 마침내 아내까지 범하려 하는데도 남편은 떡을 먹을 생각에 한마디도 안 하고 있었다. 그래서 아내가 「도둑이야」 하고 소리를 치자 그제서야 남편이 「떡은 내 것이다」라고 하더란다.
하찮은 일에 집착하고 무의미하게 다투는 중생들의 어리석음을 경계하는 비유 이야기다.

38

허공처럼 살아라.
허공은 글자 그대로 공이고 비어 있다. 얻을 수도 잡을 수도 없다.
이 허공처럼 〈나〉〈내 것〉이라는 물질・명예・내 몸 그리고 마음자리 등이 모두 인연에 따라 일어난 것이고 공한 것이다.
끊임없이 일어나는 인연일 뿐 잡는다고 잡히지도 않고 움켜쥔다고 얻을 수도 없다. 설사 손에 잡힌다 해도 영원한 것이 아니다.
아무리 어리석은 이도 허공을 잡으려고 하지 않듯이 욕망이 일어나더라도 절제할 줄 알고 감정이 일어날 때 나를 없앨 줄 알라는 말일 것이다.

39

요긴한 일이 아니면 산문(山門) 곧 절에서 나가지 말라. 밖에 나가 보고 들으면 마음이 흔들린다.
사문(沙門)이 절에 있을 때는 입에서 향기가 나는데 밖에 나갔다 돌아오면 입에서 뱀이 널름거린다고 한다.
수행자도 깨닫기 전에는 견물생심(見物生心)이라고 마음이 흔들린다. 될 수 있으면 덜 나다니는 것이 좋다.
사람의 생각은 물거품 같고 무상하며 부서지기 쉽다. 그런 변화무쌍한 마음이 바로 〈나〉라고 여긴다.
그러니 물거품 같은 생각 너머의 순수한 불성을 보아야 한다.

40

〈4고 8고〉(四苦八苦)라는 말이 있다.
4고는 생로병사의 4가지 괴로움을 말하고 8고는 이 4고에 다음 4가지 괴로움을 합해서 8고라고 한다.
첫째. 밉고 싫은 것 또는 그런 사람을 만나는 괴로움(怨憎會苦).
둘째. 사랑하고 아끼는 것 또는 그런 사람을 잃는 괴로움(愛別離苦).
셋째. 바라는 것 곧 건강·장수·재물 따위를 얻지 못하는 괴로움(求不得苦).
넷째. 육신의 각 기관이 치성해서 일어나는 괴로움(五陰盛苦).
인간이 겪는 모든 번뇌와 괴로움을 4가지 혹은 8가지로 분류한 것이다.

41

과일을 상자로 사다 보면 특상으로 등급을 매긴 것을 볼 수 있다. 그 만큼 알도 고르고 흠도 없고 맛있기 때문이다.
우리는 사람에게도 과일의 등급을 매기듯 겉모습과 배경만 가지고 판단을 하곤 한다. 외모나 눈에 보이는 것만으로는 그 사람의 모든 것을 알 수 없다.
부처님께서 견성하라고 하셨다. 이 말은 눈을 밝혀 사물의 참모습을 보라는 조언이기도 할 것이다.
노여움의 사나운 불길보다 더 무서운 것은 없다. 자신을 지켜 노여움이 들어오지 못하게 해야 한다.
모든 공덕을 파괴하는데 노여움 보다 더한 것은 없다.
살다가 참을 수 없이 화나는 수가 있다. 상대에게 그 노여움을 그대로 표현하여 내 마음의 불길을 다른 이에게 돌리기도 한다. 그런데 그러고 나면 후련하기 보다는 후회가 밀려온다.
흙탕물을 그대로 두면 맑아지고 소용돌이도 그대로 두면 고요해진다. 표현하기보다 그 순간 참는 이가 내 마음의 평화와 사람들과의 좋은 관계를 유지할 수 있을 것이다.

42

모든 재앙은 말에서 시작된다. 함부로 입을 놀리지 말아라.
듣기 싫은 말을 우리는 예사로 하는데 이것은 맹렬한 불길이 되어 내 몸을 태운다.
입은 몸을 치는 도끼요 칼날이다.
입은 화의 문(口是禍門)이라는 말도 있다.
신중하고 신중하게 말하는 것은 아무리 신중해도 나쁘지 않다.

묵언도 수행이다. 침묵으로 말의 허물을 막고 내면을 돌아보게 하기 때문이다. 필요한 말만 하고, 서로에게 도움이 되는 말을 하자.

43

인생.
만만하지 않다. 나이 들어 인생을 보기 시작하니 막막하게 다가온다. 힘들면 쉬어가라고 스스로 위로한다. 나는 게으르게 살아왔다. 길지 않은 인생에 미안하다.
그러나 인생에 너무 많은 짐을 싣지는 않았다. 집 자가용 등 소유욕이 크면 인생의 하중은 더 커진다. 너무 무거운 하중을 견디다 보면 불행으로 가게 된다.
출가해서 필요한 것이 별로 없으나 욕심은 끝이 없다.
졸리면 자고 힘들면 쉬고. 산중의 삶은 욕심 버리고 사는 아름다움을 일러준다. 꽃 한 송이 바람소리에 발길을 멈춘다.
바라는 것을 다 이루기는 힘들고 평화가 오지도 않는다. 인생에 많은 짐을 싣지 않을 때 행복해진다.
막힘 없이 살자. 하늘도 보고, 물 바람도 보고, 어려운 인생살이 마음이라도 여유가 있어야지. 힘들면 쉬어 가자. 구름도 힘들면 쉬어 간다.
가을 산은 수행자. 가을 산 앞에 서면 고요하다.
낙엽이 뿌리를 찾듯 나 자신을 찾는다.
일반인들이 산에 오르는 것은 산이 인간을 품에 앉고 다독여 주기 때문이다.
한 신도가 산승에게 「스님. 행복하십니까?」하고 묻는다. 조금은 당혹스러웠으나 침묵했다. 신도는 다시 「사는 것이 힘듭니까? 갈수록 힘든 것은 왜일까요」라고 했다. 그에 대해 묵언했다. 짐을 더는 해답을 찾는 중이다.
산을 찾고 출가를 하는 것은 마음의 자유를 얻기 위해서다.
가을 산으로 떠나 보자. 내 안의 부처를 찾으러 말이다.

44

가끔 스스로 실망할 때가 있다. 사소한 일에 화를 내고 〈나는 왜 이럴까〉 〈능력이 부족한가〉하고 실망하고 한두 번의 실수에도 자신을 과소평가한다.
만원짜리 지폐가 아무리 구겨져도 가치는 변하지 않는다. 내 기분이 우울할 뿐이다. 실수를 반성하고 다시 한번 잘해 보자고 다짐하자. 나는 발전하고 좋은 사람이 될 수 있다.

45

모든 변화는 나로부터 시작된다.
어른이 내 잘못을 알고 지적하며 타이르면, 누가 고자질을 했느냐고 화부터 낸다.
그러나 따질게 아니라 내 단점을 지적하고 꾸지람하면 부끄럽게 알고 「다시는 안 그러겠습니다」해야 옳은 인간이 된다.
그러나 일상에서는 우선 내 잘못을 반성하기보다 누가 고자질 했느냐고 따지기 때문에 업을 짓게 되는 것이다.
나쁜 습관과 버릇을 고쳐 개과천선하고 순화하는 향상이 있어야 견성 이전에 훌륭한 사람이 될 수 있다.
곡식도 자주 손을 봐주면 무성히 잘 자라지만 심어만 놓고 돌보지 않으면 풀 속에서 벌레에 시달려서 제대로 자라지 못한다.
수행 중에 항상 허물과 못된 습관을 속아내며 북돋아 가자.

46

여자 신도를 보살이라고 한다.
여자는 아이를 배서 보살의 경지를 체험하는 것이라고 한다.
어머니의 사랑이 보살의 사랑과 다르지 않기에 그런 호칭을 준다.
그러기에 〈나는 보살 호칭을 들을 만 한가〉 뒤돌아 보고 부끄럽지 않게 선행과 수행을 닦아 가자.
서로를 위해 음식을 남기는 것은 양보하는 마음이다. 남에게 양보하면 다툴 게 없다. 음식을 남겨 두는 것은 좋은 일이다. 굳은 음식은 내가 먹자. 양보하고 나누면 그 어떤 문제라도 해결할 수 있는 좋은 지혜이기도 하다.
출근길에 시간이 늦으면 짜증이 난다. 그러나 그런 일은 늘 있을 수 있는 것이고 원인은 내가 늦게 일어나서 그런 것이다.
세상을 원망하기보다도 외부로 향하는 원망을 나에게 돌리고 헤쳐 나가는 긍정적인 사고가 나를 한층 성숙하게 해 줄 것이다.

47

소설가 안정효씨가 번역한 〈작은 참새 한 마리〉. 피아니스트인 킴스라는 여인의 집 앞에 참새가 떨어져 있었다.
태어난 지 일년이 될까 말까 한 새를 킴스가 집에 데리고 와서 성냥개비로 우유를 찍어 먹이고 살 테면 살라는 심정이었는데 다음 날 그 새가 깨어나서 12년을 같이 산다.
그 새는 발랑 눕기도 하고 〈사람이란 어떤 종류의 새인가〉 하고 호기심 어린 눈으로 살펴보기도 하고 또 주인이 자자고 하면 옆에서 같이 잔다. 자기자리를 더럽히지 않으려고 밖에 나가서 볼일 보고 사람처럼 주인의 침대를 더럽히지 않았다고 한다.

새가 카드로 장난도 하고 머리핀을 가지고 놀기도 하고. 전쟁 동안에는 이웃에 사는 사람들의 마음을 위로해 주기도 했다.
참새에게 〈클로랑스〉라는 이름이 붙었다. 참새는 노래도 부른다. 음악가인 그녀가 연주하는 음악을 듣고 지저귀며 빠르게 느리게 가락을 넣기도 했다.
참새의 연인은 킴스였다. 새를 자기의 애인이라 여겼다.
12년을 살면서 새가 노쇠해 가는 과정 그리고 친구나 연인처럼 여기며 사는 모습에 가슴이 찡해지는 내용이다.

48

계단의 처음과 끝을 보지 말아라. 믿고 첫걸음을 내디뎌라.
러셀 왓슨은 집안형편이 좋지 않아 철공소에서 일하며 주말마다 클럽에서 노래를 불렀다. 그러다가 음반 관계자의 눈에 띄어 가수의 꿈을 이루었다. 꿈을 이루는 첫 계단은 초라해도 그것이 나를 이루는 첫 계단인 것이다.

49

우리 속담에 〈팔은 안으로 굽는다〉는 말이 있다. 아무래도 자기와 가까운 이에게 마음을 쓴다는 부정적인 의미로 쓰인다. 팔을 펴면 안을 수 있기에 많은 이를 감싸고 멀리 있는 이도 보듬을 수 있다. 사람들은 생김새도 다 다르고 재능도 다르고 지식도 다 다르다. 그러나 사람마다 배우지 않아도 갖추고 있는 것이 자비의 마음이다. 큰스님들은 이를 〈본래 면목〉이라고 한다. 우리가 원래 지니고 있는 밝고 선한 마음이다.
오늘도 이런 본래 면목으로 모든 중생에게 팔을 뻗는 하루가 되자.

50

아이들에게 마음대로 펄펄 뛰고 기뻐하게 한 뒤에 뭔가 일을 주면 가만히 있던 아이들보다 훨씬 잘한다고 한다.
읽기·받아쓰기·수학능력도 향상된다고 한다.
아이들 뿐만 아니라 어른도 마음이 안정되면 일의 능률이 오른다고 한다.
내가 행복하다고 느낄 때 정신적 능력이 왕성하고 훨씬 능동적이라고 한다. 중요한 것은 내가 행복해지는 것이다.
지금 우리는 행복해지는 방법을 찾고 있는 것이다.
그러면 과거도 행복하고 미래도 행복할 수 있을 것이다.

51

이 시린 겨울. 황태 덕장에는 명태가 줄줄이 매달려 삭풍이 몰아치는 추위에 얼었다 녹았다 하는 시련을 겪으며 맛있는 황태가 된다.
부처님께서는 인욕바라밀을 강조하시었다. 어떤 어려움도 잘 참고 견뎌내는 수행을 말한다.
부처님도 인욕행을 하신 끝에 정각(正覺)을 이루셨듯이 시련과 고통은 우리를 한 단계 성장시켜주는 과정이다.
어려운 시절을 한탄하고 원망하기 보다 담담하게 받아들이고 인욕하는 것이 불자들의 자세일 것이다.

52

아프리카의 어느 부족은 죽음을 이렇게 생각한다고 한다.
한 사람이 이 세상에서 살다가 숨을 거두는 것이 죽음이 아니라 그 사람이 죽은 뒤에 그를 기억하는 모든 사람들의 생각까지를 죽음이라고 한단다.
여러 사람들에게 좋게 기억되고 오래 기억된다는 것은 아마도 잘 산 사람이었을 것이다. 많이 베풀고 많이 나눈 사람일 것이다.
누구나 다 죽는다. 그러면 지은 악업(惡業)과 지은 선행(善行)만이 남는다.
나의 삶은 어떻게 기억될까? 죽고 나면 생전에 지은 업과 인연만이 남는다는 것을 생각하면 좀더 겸손하고 선하게 살다 가지 않을까?

53

자녀가 우울증을 앓거나 정서장애 증상을 보이면 부모도 함께 상담을 받는다. 부모의 생각이나 언행이 아이에게 영향을 미치기 때문일 것이다.
부처님께서는 〈어디에 있거나 어느 곳을 향하든 자기 자신보다 더 소중한 존재는 없다〉고 하시었다.
〈내가 귀하다는 것을 깨달아야 한다〉는 것이다. 내가 없고 내가 행복하지 않으면 세상도 풍경도 눈에 들어오지 않는다. 내가 기쁘고 행복해야 주위도 기쁘고 행복해질 수 있는 것이다.
부모들은 현재의 처지가 힘들더라도 자존(自尊)을 찾고 아이들에게 따뜻한 관심을 보일 때 아이들의 정서장애도 줄어들게 될 것이다.

54

요즘 남자와 요즘 여자에게 꼭 필요한 것이 무엇일까.
남자가 바라는 것과 여자가 필요로 하는 것이 다르다.
여자가 나이 들면서 필요한 것은 〈돈 · 딸 · 건강 · 친구 · 찜질방〉이고 남자에게 있어야 할 것은 〈아내 · 배우자 · 집사람 · 와이프 · 애들 엄마〉라고 한다.
여자는 남자가 없어도 살 수 있으나 남자는 나이 들수록 여자가 필요한 것이다.
나이 들어서 불화를 겪고 이혼하는 예가 많은 것은 여자들이 젊었을 때 남편에게 배려와 대접을 받지 못했기 때문이라고 한다.

55

어리석은 사람의 분노는 자신을 태우고 경계(境界)를 만나면 언어로 입을 찌르고 마음을 칼로 자른다. 그 뿐인가? 보살의 사랑을 거스른다.
사람들이 화를 내고 성미를 부리는 등 겉으로 드러내는 분노를 나무나 식물에 쪼이면 식물들이 병에 걸린다고 한다.
성내고 화내는 부정적인 기운 때문이다.
우리가 선한 일을 하는 것보다 쉽게 할 수 있는 것은 성내고 화내지 않고 묵묵히 기도하는 것이다.

56

이 몸은 모래성 같아서 금방 허물어지고
깨진 그릇 같아서 항상 물이 새고
시든 꽃 같아서 이내 흩어지며
허물어진 집이요, 죽음이 같이 있는 집이다.
이 몸에 너무 애착하지 말아야 한다. 건강한 삶은 모든 이의 바람이다. 건강하게 살려고 노력을 많이 한다.
중요한 것은 몸에만 애착하지 말고 몸의 주인인 마음을 지키고 다스리는 일이다.
몸에 끌리지 말라는 것은 식욕·탐욕·나태·공포 등을 경계하라는 말일 것이다. 욕심을 줄이고 줄어드는 집착만큼 늘어나는 평화를 누려보자.

57

상대를 보되 장점을 보아라.
회사에서 무능한 이가 집에서는 따뜻한 가장일 수 있다. 아무리 훌륭한 사람도 보는 관점에 따라 단점이 보인다. 보는 관점에 달렸다. 이는 다 내 마음의 변덕이 만들어 내는 허상이라는 것을 알라. 그리고 내 생각도 끊임없이 변한다는 것도 명심하라. 상대방을 있는 그대로 보되 장점을 보라.
내 주장만 내세우지 말자.

58

무소유.
삶의 절정에서 가치 있는 삶을 위해 가진 것을 다 내려 놓는 삶이 바로 무소유다. 세상의 모든 것을 소유하려면 아무것도 소유하지 않아야 한다고 한다. 말은 쉽지만 어려운 일이다.
자기 소유에 집착하지 않고 집착에서 벗어나 가진 자의 무소유가 전해지는 것이 보시(布施)요 기부일 것이다.

59

우리가 다룰 것.
방황하는 청춘들을 위해 책을 내어 유명해진 교수에게 소감을 물으니 「유명해졌다고 달라지지 않으려 노력하고 있다」고 했다.
활을 만드는 이는 활을 다루고 목수는 나무를 다루고 물을 대는 사람은 물을 다루고 현명한 사람은 자신을 다룬다. 우리들이 다룰 것은 나 자신의 내면을 챙기는 것이다. 유명해져도 사회의 평가와 시선에 취해서 달라지지 않고 자신을 다스리기는 쉬운 일이 아닐 것이다.

60

가까운 사이일수록 원결(怨結)을 짓지 말라.
원결이란 원망이 마음에 맺혀 풀리지 않는 것을 말한다. 사람이 살아 생전에 〈부모·자식〉〈남편·아내〉 하며 화가 나도 참고 인내하던 사이였는데 그런 사람이 죽는 순간 생전의 앙금이 원한으로 바뀌어 풀리지 않으면 완전히 남남인 영가가 된다고 한다.
그러기에 살아서 서로 잘하고 원한이 마음에 쌓이지 않도록 해야 하는데 어리석고 수행이 덜되어 원망이 차곡차곡 쌓이는 것이 문제다.
산사람들에게 끼치는 보이지 않는 영가의 장애가 무수히 많다.
또 불효한 자식들에겐 죽은 영가가 손자나 손녀로 또는 증손자 증
손녀로 다시 태어나서 한을 갚기도 한다고 한다.
부모 자식 사이에 불효하고 원망하는 일이 없도록 해야겠다. 특히
불효했던 자식은 죽은 부모를 원망하기 전에 자기가 지은 업을 참
회하고 원결을 풀도록 노력해야 한다.

61

우리 마음은 〈화를 내는 나〉와 그 화를 가라 앉히는 〈치유의 능력〉을
함께 가지고 있다. 그러나 〈사랑해야지〉〈용서해야지〉 한다고 되
는 것은 아니다.
화가 나고 분노가 일어날 때마다 긍정적인 사랑과 용서하는 감정
이 일어날 수 있도록 항상 일깨우고 단련해야 한다.
화가 날 때 그 분을 폭발시키지 말고 〈이 모두가 과거의 습관과
업의 소치〉라고 생각하고 감정을 끊임없이 단련하자.(달라이라마)

62

강박증.
〈언제나 · 꼭 · 반드시〉 등이 마음에서 떠나질 않는다.
식구에게 「10시에 들어와야 된다」고 말해 놓고 9시 30분부터 불
안해진다. 이런 것이 강박증이다. 어떻게 극복하나?
〈그럴 수도 있겠지〉〈저럴 수도 있지〉 하며 강박을 유연으로 바꾼다.
늦으면 〈늦을 수도 있지〉 안 들어오면 〈안 들어 올 수도 있지〉라
고 힘들겠지만 마음을 바꾸도록 해보아야 한다.

63

사물을 볼 때 내 생각으로 보는 게 아니라 〈듣거나 맛보고 만져보고 경험해 본〉 객관적인 눈으로 보는 〈정견〉이 있다.
바닷물을 아는 것과 직접 보는 것, 어느 쪽이 확실할까? 경험하는 것이 확실하다. 그렇다고 다 경험해 보고 살 수는 없다.
또 앞선 사람들의 경험을 믿고 따르는 것도 맞는 견해다.
부처님께서는 「나의 가르침을 믿고 흔들리지 않는 마음으로 밝게 보는 것이 정견」이라고 하시었다.

64

한 보살님의 첫 마디가 「그냥 죽고 싶다」고 했다. 죽을 상이었다. 그냥 놔두면 정말 죽을 것 같았다.
사정을 물어보니 초등학교 때부터 법관이 꿈이었던 작은 아들이 로스쿨에 떨어졌다고 했다.
그래도 처음에는 그런 일로 죽고 싶을까 했는데 막상 희망이 사라지자 죽고 싶었다고 했다.
시험은 떨어질 수도 있고 붙을 수도 있는 것이다. 그런데 꼭 붙어야겠다는 지나친 욕심 때문에 벌어진 일이다.
〈남의 염병보다 내 고뿔이 더 고통스럽다〉는 말이 있듯이 자기의 고통이 가장 크게 느껴지는 것이다. 이런 고통은 남이 대신할 수도 없는 것이다. 50평생에 처음 겪는 고통이라고 했다.
「앞으로는 종종 당하실 것입니다. 몸도 전과 같지 않을 테고요. 자손들도 떠나갈 것이고 모든 것이 무상해서 옛날과 같을 수만은 없을 테니까요」 하고 일깨웠다.
지금 겨울이 지나고 있는데 그냥 지나가는 것이 아니라 장차 거룩한 삶을 가져다 줄 것이라고 믿으면 내 인생살이에서 벌어지는 모든 일에 그리 곁눈질할 필요가 없다.
내게 닥치는 현상을 극복하고 하나씩 깨닫고 유유자적하며 최선을 다하되 결과에 급급하지 말아라.
최선을 다해도 성공할 수도 있고 잘못될 수도 있는 것이다. 혹 실패하더라도 현실에서 벌어지는 모든 일은 가치 있는 것이다.
불자는 합격·불합격, 병·건강, 행복·불행, 이런 것에 너무 얽매이지 말고 조화로운 삶을 살 수 있도록 끊임없이 노력하고 연습해야 한다. 얼마만큼 수행을 해야 그것이 가능할지는 모르지만.

65

어느 무기수가 감옥에서 오랜 세월을 보냈다. 언제 나가게 될는지도 알 수 없는 처지였다.
세상에 나갈 날을 기약할 수도 없었고 생각을 잘 표현할 수도 없었지만 그냥 그날그날의 생각을 충실히 쓰면서 지냈다.
그런데 그 글이 훗날 훌륭한 책으로 나오게 되어 모든 이에게 감동을 준 것이다.
주어진 시간을 순간순간 의미 있게 보내는 것이 바로 행복인데 우리는 항상 먼 미래로 미루는 경향이 있다. 〈지금〉이 없으면 앞으로의 행복도 없다.
오지 않을 행복은 바라지도 말라. 일상에 만족하고 최선을 다하며 행복을 누려 보자.

66

사장 · 교수 등 여러 사람들이 식당에서 식사를 하면서 담소를 하고 있었는데 그 중의 한 사람이 「나는 운전기사」라고 신분을 밝히자 분위기가 썰렁해지고 자기들끼리만 이야기를 하더란다.
출발할 때가 되자 사람들이 운전기사를 찾았다.
바로 우리의 이야기다. 우리는 정작 고마움을 모르고 겉모습이나 사회의 신분만으로 사람을 평가하려고 한다. 사회인에 대한 우리의 가치관이 잘못되어 있다.
어떤 사람이든지 사회적 역할이 있고 존재가치가 있는 것이다. 모든 사람이 다 고마운 존재인 것이다.

67

영화감독이나 소설가들처럼 창조적인 직업을 가진 사람들은 여행을 많이 한다. 일상생활은 너무 익숙한 환경이어서 느끼지 못했던 것들에서 벗어나 새로움을 발견하고 창작을 위한 영감을 얻기도 한단다.
인류 최초로 달에 착륙했던 미국인 암스트롱이 「지구가 너무 아름답다」고 한 유명한 말 역시 같은 맥락이 아닐까.
그렇다. 우리는 〈일상적이고 익숙한 것 그리고 늘 누리고 있는 것〉에 대해 고마움을 너무 모르고 사는 것 같다.
하나뿐인 이 아름다운 별 지구를 아끼고 보호해서 우리 후손들에게 물려주어야 할 책임이 있다.

68

내 행동은 고치지 않고 기도만 해서 아이가 달라지게 하려고 해서는 뜻을 이룰 수 없다. 왜냐하면 아이들은 어른이 하는 대로 따라하기 선수이기 때문이다.
아이들이 바뀌기를 바라기 전에 마땅히 자신부터 바뀌어야 한다.
자신은 바뀌지 않으면서 아이들이 반항하지 않고 공부 잘하기를 바라니 안 되지.
우선 내 마음부터 고치고 보살의 마음으로 아이를 위해 기도하자.

69

잡동사니.
잡동산이란 〈쓰지 않는 물건·조잡한 것·쓰레기·버릴 것〉이라고 정의할 수 있다.
우리 살림살이의 1/3만 쓰는 것이고 나머지는 다 잡동사니라 할 수 있다. 결국은 쓸데없는 것들을 쌓아 놓고 사는 셈이다.
살림을 잘 한다는 것은 〈버릴 것을 잘 버리는 것〉이라고 한다.
쌓아 놓은 그릇들, 쌓아 놓은 헌 옷, 안 신는 신발 등 우리는 얼마나 많은 잡동사니 속에서 살고 이을까?
나누고 공유할 줄 모르고 사는 것이다.
1년 동안 한번도 쓰이지 않고 그 자리에 있는 것은 잡동사니다.
물건을 죽이는 〈살물죄〉는 〈탐욕과 애착〉의 다른 일면이라 할 수 있다.

70

아내의 유형 7가지.
1. 어머니 같은 아내.
2. 누이동생 같은 아내.
3. 선지식 같은 아내.
4. 원수 같은 아내.
5. 도둑 같은 아내.
6. 머슴 같은 아내.
7. 살인자 같은 아내.

71

심리학자들은 〈20대가 되었는데 이룬 것이 하나도 없다〉는 청년들에게 「인간이 평균 80세까지 산다고 가정할 때 20대는 하루 중의 오전 8시가 체 안 된 시점이다.
이제 막 하루가 시작되었는데 아무것도 이룬 것이 없다고 실망할 것 없다」고 충고한단다.
열정은 많으나 아직은 미숙한 20대 보다 30대 40대에 빛을 발하는 이도 많다.
남과 비교하지 말고 스스로의 속도를 조절하라.
그리고 누구는 성공했고 누구는 실패했다는 등 비교하지 말고 보다 화려한 인생을 맞이하도록 노력하라.

72

금강경의 인욕바라밀.
어떤 상황에서 〈내가 참아야지. 참자. 참는다〉고 하면 이는 〈참는 나〉와 나를 화나게 하는 〈상대 또는 상황〉이 있기 때문이다. 이럴 때 참는 것은 억지로 참는 것이지 금강경에서 설하신 〈인욕바라밀〉이 아니다.
상대와 똑 같을 수 없으니까 참는 것이고 일시적인 참음이기에 언젠가는 앙갚음으로 상대에게 되돌려 주게 된다.
이런 인욕은 말뿐인 인욕이지 인욕바라밀이 아니라고 한다.

73

어쩌다 청소를 못하면 찜찜하다. 청소를 하는 것보다 더 중요한 일은 마음의 살림살이이다.
우리 마음은 과거 생각 미래 생각, 이 생각 저 생각, 이 궁리 저 궁리로 꽉 차있다.
청소 할 때마다 마음도 청소해서 꼭 필요한 생각 말고 모든 생각을 마음 속에서 털어내자.
삼독(三毒)을 몰아내면 고요하고 평온한 가운데 진정 필요한 지혜 곧 분별력이 생겨나 지혜로운 사람이 될 수 있다.

74

역경계(逆境界).
내 뜻과는 어긋나는 상황. 사업문제·배우자·자식·재물 등에 관해서는 이성을 잃고 모든 탓을 상대방에게 돌리기 쉽다.
그러나 참선하는 이는 이런 역경계 때일수록 참으로 좋은 공부를 할 기회로 삼는다.
그 탓을 안으로 돌려 자기가 지은 업을 되돌려 받는 것이라고 여기고 한 걸음 더 나아가 나의 도를 시험해 보는 기회로 삼고 용기와 지혜를 키운다.
평상 때도 이런 마음으로 생활하면 모든 사람이 인정하는 올바른 사람이 되어가고 있다는 것을 알게 될 것이다.
토굴에서 공부하는 스님들이 갑자기 몸에 병이 나면 곡기를 끊고 며칠 쉬면 통증이 갈아 앉고 몸도 좀 낫는다고 한다.
짧은 단식이 병을 치료하는데 효과가 있다는 연구결과도 있었다. 몸을 비워 가볍게 하는 것이 건강에 도움이 된다. 삶에서 욕심과 집착을 없애면 훨씬 고통이 덜해질 것이다. 무겁던 삶과 생명에도 도움이 될 것이다.

75

길을 잃었을 때 할 일은 처음으로 돌아가는 것이다. 살면서 길을 잃듯이 헤맬 때는 처음마음 초심으로 돌아가 다시 시작하는 것이다.
어떤 현상에 마음이 일어나면 그것에 관심이 있는 것이다. 기쁜 일이 있으면 즐겁고 기쁘지 않은 일이 있으면 기쁘지 않듯이 내 삶을 내 마음이 이렇게 저렇게 만드는 것이다.
이런 현상이 생기면 나도 모르게 마음이 쏠리게 된다. 〈기쁘다〉〈기쁘지 않다)는 마음을 내려 놓아 보자. 기쁘지 않은 일에 기분이 좋을 리 없겠지만 그래도 마음은 여여(如如)하여 움직이지 않을 것이다.

76

남편이 아내를 존중하는 5가지 덕목.
1. 서로 예의로 대하고
2. 위엄을 지키고
3. 의식주를 제공하고
4. 때때로 치장해주고
5. 집안 일을 맡기는 일 등이다.
사회를 구성하는 근본은 가정이고 가정의 근본은 부부다.
부부가 서로 존경하면 아이들도 자연히 서로 화목하게 되고 사회도 밝아질 것이다.
밖에 나가서 남을 존중하고 배려하듯이 집에서도 내 식솔들을 존중하고 배려하는 사람은 진정 하심(下心)이 잘된 사람일 것이다.

77

우리는 아내의 모습에서 남편을 볼 수 있고, 남편의 행동에서 아내의 모습을 떠올려 볼 수 있다.
나 만이 아니라 나의 식구들 그리고 내 주변의 사람들의 모습을 보면 내 삶의 일거수일투족이 보이는 것이다.
또 살아온 자취를 보면 나를 알 수 있고 내가 주변에 어떤 영향을 미쳤는지도 알게 될 것이다.
그래서 우리는 삶의 자국을 어떻게 남기며 살 것인가를 깊이 생각해 보아야 한다.

78

벙어리 3년.
귀머거리 3년.
눈 멀어 3년.
이 말은 참으면 나중에는 옛말 할 때가 있다는 뜻이다.
그러나 불교에서는 참아야 하는 이유를 말한다.
모든 것이 영원한 것이 아니기에 나도 상대도 세상도 내 마음이라는 것도 변하게 마련이다.
인연 따름에 울고 웃지 말며 한 순간 나를 없애고 자존심을 죽이면 나중에 후회 할 일도 괴로울 일도 없기 때문이다.
그러나 우리는 왜 보는 대로 듣는 대로 자존심 때문에 화를 내고 욱하는 등 업을 짓고 나중에 후회하는지 모르겠다.
이는 다 〈내가 있다〉는 생각에서 비롯되는 것이리라. 이것은 부처님의 가르침을 한 귀로 듣고 한 귀로 흘려 보내기 때문일 것이다.

79

성날 때 감정을 조절하는 게 중요하다. 살아가면서 화를 안낼 수는 없지만 그러나 금방 후회하게 된다. 사람의 마음은 바다처럼 넓은 때도 있지만 어떤 때는 바늘귀만도 못할 때가 있다.
화를 내면 분별력이 떨어져서 다툼이 되고 만다. 화를 내면 이로울 것이 아무것도 없다. 우정에 금이 가고 욱해서 사표 내면 실업자 되기 십상이다. 화를 내면 후회하고 곤욕을 치르는 경우가 많다.
세상살이는 나만 위해 하는 게 아니라는 것을 알고 욱하고 화내지 말고 편정심 잃지 않도록 자제할 줄 알아야 한다.
그래서 제2, 제3의 행동으로 번지지 않도록 하자.

80

「그래서 어쩌란 말인데」라는 혼잣말로 이런 상황들을 놓아 버리는 수행을 하자.
1. 도로가 꽉 막혀 조급증이 날 때.
2. 삶이 한탄스러울 때.
3. 상대의 빈정댐에 속이 끓어 오를 때.
4. 상대가 퉁명스럽게 대응할 때.

상대가 화를 돋우어 기가 막힐 때 스스로 이 말을 하면서 욱하는 마음, 화를 내려놔 보자.

81

참선의 3가지 일여(一如).
1. 동정(動靜)일여 : 앉거나 서거나 가거나 오거나 고요하거나 시끄럽거나 오직 화두의 〈이 뭣고〉가 한결같이 이어지는 것.
2. 오매(寤寐)일여 : 움직이거나 고요하거나 자나 개나 오직 화두와 하나가 되는 것.
3. 생사(生死)일여 : 죽고 사는 데는 관심이 없고 오로지 화두 하나만 챙기는 것.

이렇게 하면 화두가 뚫어지고 생사가 해결된다.

82

모든 것이 마음에 달렸다.
하고자 마음 먹고 생각하면 생각대로 된다.
삶이 고단하고 어렵더라도 되도록 노력을 해라.
낙천적인 생각을 갖도록 훈련해 보라.
내가 작아지고, 행복해지는 것은 내 마음에서 비롯된다.
낙천적이고 긍정적인 생각은 보배다.
마음을 잘 다스리는 조련사가 되어 감사하는 마음 · 사랑 · 고마움을 아는 마음으로, 미워하고 원망하고 불행하다고 생각하는 마음을 녹여서 없애자.

진정한 기도.
진정한 기도는 갈구와 바람이 아니고 부처님의 모습을 보고 내 안에 있는 불성(佛性)을 회복하는 일이다.
부처님의 많은 가르침도 다 불성을 회복하게 하려는 것이다.
부처님을 통해서 자신을 회복하도록 정진하고 지혜를 닦자.

셋째 주머니
금 구 설
金 口 說

금구설(金口說)

금구는 붓다의 입을 이르는 말이다. 32상 80종호에 보면 붓다의 몸은 자금색(紫金色) 곧 황금색이라고 했다. 몸이 금색이니 입도 금색이고 그 입으로 설하셨으니 곧 금구설인 것이다.
붓다께서 설하신 말씀은 황금처럼 빛나고 금강석처럼 변하지 않는 진리라는 뜻이다.

옛 경에 따르면 붓다의 설법을 사자의 포효에 비유해서 사자후(獅子吼)라고도 했다. 권위가 있고 절대 불변이며 그 누구도 생각하지 못했고 말하지 않았던 진리이기에 금구설이라고 하는 것이다.

붓다께서는 『모든 중생은 다 부처 마음을 지니고 있다(悉有佛性). 그런데 중생들이 어리석어서 그것을 모르고 있기 때문에 번뇌하고 악을 짓고 고단하게 산다』고 하시었다.
붓다께서 가르쳐 주신대로 살면서 불성을 되찾으면 나날이 좋은 날이고(日日是好日) 안락하고 평화롭게 복을 누리며 살 수 있을 것이다.

금 구 설
金 口 說

1

꽃이 시들어도 봄이 오면 새로 피어난다.
지난 날 나에게 손을 드리워 주던 그 분은 만날 수 없다.
56억 7천만년 되기 이전 미륵불이 간간 화현하여 불법을 펴고 중생을 제도한다. 그러나 분간을 할 수 없다.
100억이나 되는 화신(化身)으로 인연 있는 중생을 제도한다. 신심이 돈독한 이는 이런 화신과 어느 때 어느 곳에서 만날지 모른다.
말세에 여자의 몸으로 태어났고 나이도 많은데다가 무식하다고 자포자기 하지 말자.
나와는 인연이 없다고 생각하는 것이 큰 잘못이다. 여건이 나쁠수록 더욱 정진하면 도(道)는 꽃 필 수 있는 것이다.
좋은 여건 아래 이룬 사람보다 역경 속에서 성공한 이가 더 빛난다. 그리고 이런 이들이 더 많은 사람에게 자신의 공덕을 회향할 수 있다.

2

소 치는 이가 부처님께 출가를 허락해 달라고 여쭈었다.
그러자 부처님께서 「너는 품삯을 받고 소를 치고 있으니 먼저 그 소들을 주인에게 돌려주고 출가하겠다고 알리고 오너라」 하고 타이르시었다.
「자신의 일을 먼저 마무리 하라. 먼저 자신의 일을 충실히 하라. 출가수행을 한다며 자기 일에 충실히 하지 못하면 반쪽 수행이다」라고 말씀하셨다.

3

오늘을 산다는 것은 목숨이 그만큼 줄어드는 것이다. 마치 옹달샘의 물이 줄어드는 것과 같다. 낮과 밤을 헛되이 보내지 마라. 세월은 번개처럼 지나간다.
사람의 목숨도 그렇다. 세월의 흐름을 절감(切感)하고 열심히 살자. 후회 없는 세상을 산다는 것은 순간순간 하루하루를 열심히 사는 것. 그 길 밖에 없다.

4

수업시간에 선생님이 칠판에 「3일 후에 죽는다고 가정하고 하고 싶은 일을 말해 보라」고 써 놓자 아이들이 〈여행을 간다 · 부모님을 사랑한다 · 친구와 화해한다〉는 등의 말을 했다.
선생님은 교실을 나가며 「지금 그 일을 하라」고 말했다.
우리는 무언가 계획을 세우고 계속 미룬다. 그러나 완벽한 기회는 좀처럼 만나기 어렵다.

『행복』이란 말이 있다. 행복이란 숨을 쉬고 있는 바로 〈지금 이곳〉이라는 말이다. 미래가 아닌 현재 〈할 일〉을 다하는 이가 징밀 현명한 사람인 것이다.

도를 구하고자 하거든 정성을 다해라. 정성과 간절함이 있으면 도과(道果)를 얻으리라. 지극한 마음으로 정성을 다해 수행 정진하면 반드시 좋은 결과를 얻는다.

스님들은 〈기도의 가피를 받으려면 정성과 간절함〉이 비결이라고 권한다. 어린이가 울며 어머니를 찾듯이 말이다.

간절하고 지극한 마음으로 해서 얻는 것은 기도 성취나 깨달음만이 아닐 것이다.

지금 이루고자 하는 무엇인가가 있다면 기도하듯 정성을 다해 보아라. 쉼 없는 노력으로 인생을 바꾸어 보라.

5

진아(眞我)란?

마음이 괴롭거나 슬플 때 또는 남과의 관계에서 시비를 일으키는 것은 내 마음에 〈아〉와 〈아집〉이 있기 때문이다.

진아를 찾아야 하는 까닭은 우리의 삶을 새롭게 하는데 필요하기 때문이다.

모든 것을 아집이나 나 중심으로 보지 말고 상대의 처지에서 보면 내가 독립적인 존재가 아니고 모든 인연들과 연관된 존재라는 것을 알게 되며 지혜가 드러난다.

6

하늘의 제왕인 독수리는 사람과 비슷한 수명을 누린다고 한다. 이렇게 긴 수명을 누릴 수 있는 것은 목을 짓누르는 무디어진 부리를 새로운 부리로 갈고 묵은 털을 뽑고 새털로 갈아입는 고통을 감내하기에 가능한 것이다.

고대 중국 은(殷)나라의 탕왕(湯王)은 세숫대야에 「새로워지자」라는 글을 새겨 놓고 세수 할 때마다 마음에 새겼다고 한다.

부처님께서 「진리 가운데 새롭게 태어나라」고 하시었다. 고통이야말로 새롭게 태어나게 하는 원동력이다.

고통을 고통이라고만 여기며 한탄하면 무슨 이익이 있겠는가? 고통을 감내하면 좋은 일이 올 것이라고 기대하며 살자.

7

부처님께서 「나는 제자들에게 열반에 이르는 길을 가르쳐 주었다. 그러나 열반에 이르는 사람도 있고 이르지 못하는 사람도 있다. 그것은 열반에 이르는 가르침을 행하느냐 행하지 않느냐에 달렸으며 행하고 행하지 않는 것은 그들 자신이 하기 나름인 것이다. 나는 다만 길을 가르칠 뿐」이라고 하시었다.

아무리 사랑하는 이라도 죽음까지 따라갈 수는 없다. 세상만사가 다 자신이 헤쳐 나가야 할 문제다. 이것을 깨달으면 다른 사람을 원망하면서 시간을 헛되이 보내는 일도 없을 것이며 헛된 짓과 삿된 생각으로 시간을 보내는 어리석음은 범하지 않을 것이다.

8

『수행자여, 경전을 가까이 해라. 한 구절이라도 마음에 새겨라. 옷에 때가 타면 빨아 입듯이 몸과 마음의 때를 벗기라』

하루에도 수십 통의 메일이 오는 정보의 홍수 속에 살지만 이런 것들보다는 〈한 마음〉을 가꾸는 것이 더 중요하다.

경전 속에는 많은 삶의 지혜가 들어 있다. 이것이 우리의 보물이다. 배가 고프면 밥을 먹어 허기를 채우듯이 경전 속의 가르침으로 마음의 허기, 영혼의 허기를 채우자.

한때 태국의 숲이 벌목꾼의 도벌과 땔감으로 인해 반으로 줄어들었다. 땔감과 도벌을 막아 숲을 지키려고 묘책을 만들어냈다. 제자에게 수계하듯이 나무에게 〈5계〉를 주고, 도벌꾼에게는 「〈5계〉를 받았으니 너희도 부처님의 제자」라고 하자 도벌꾼들이 도벌을 하지 않았다」고 한다.

나무나 자연 그리고 사람에 이르기까지 나를 아끼듯이 남을 귀하게 여기고 존중해주는 것이 곧 부처님의 가르침을 실천하는 길이다.

앞만 보고 달리면 빨리 갈 수는 있지만 옆도 뒤도 돌아보면 더 많은 것을 볼 수 있다. 멀리까지는 아니어도 가까운 이웃이라도 이 추운 겨울을 따뜻하게 나도록 돌봐주는 여유를 갖자.

9

전등록(傳燈錄)에 『백척간두(百尺竿頭)에서 한 발 내디디라』는 말이 있다. 그래도 깨달음은 아직 멀었다. 백 척이나 되는 높은 장대 끝에서 한 발 내디뎌야 〈시방〉(十方)에 온 몸을 들어내리라〉고 했다.

절벽 끝에서 한발 내디디기는 쉽지 않다. 이렇듯 공부는 나마져도 버려야 가능하다는 말일 것이다.
무언가에 집착하고 이루려고 계획을 세우는 우리에게는 쉽지 않은 말이다. 그러나 〈얻기 위해서는 버려야 한다〉는 도리를 알아야 한다.
백척 장대 끝에서 한 발 내딛는 용기로 마음을 비우고 죽을 각오로 열심히 살자.

10

「자식에게 베푸는 사랑, 잠시도 끊이지 않네」
「부모의 사랑 알고자 할진대 목숨이 다해야 알게 되는지」
『부모은중경』에 있는 한 구절이다.
할아버지인 영조가 아버지 사도세자(후에 장헌세자)[1]를 죽였다. 정조는 당대의 고승 보경스님의 설법을 듣고 팔도도화주(八道都化主)를 삼아 용주사를 짓게 하고 융릉(隆陵)의 자복사로 삼았다. 용주사에 『불설 부모은중경』의 경판이 있어 여러 차례 간행했으며 근래에는 한글판 『불설 부모은중경』도 많이 간행되었다. 그래서 용주사 하면 효행(孝行)을 떠올리게 된다.
용주사에 가면 정조의 효심을 생각하고 또 나의 효심에 대해서도 생각해보는 것이 좋겠다.
용주사의 가람(伽藍)배치는 궁궐의 전각배치에 준했다고 한다. 예컨대 사천왕문 대신 천보루(天保樓)를 세우고 행랑채를 배치하고 크고 작고 많은 전각 그리고 연못을 배치한 것 등이 그 예라 할 수 있다.

---

1) 사도세자의 아들인 정조는 왕위에 오르자 아버지를 莊祖라 추존하고 양주에 있던 아버지의 묘를 화산으로 옮겨 隆陵이라 하고 용주사를 지어 원찰로 삼았다.

11

화엄경에는 『태양이 뜰 때 가장 먼저 높은 봉우리를 비추고 이어서 대지를 비춘다』고 했다. 그러나 이는 태양이 높고 낮은 곳을 차별하는 것이 아니다. 어느 곳인들 햇빛이 비치지 않는 곳이 있겠는가?
요즈음에는 새해가 되면 태양이 처음 떠오르는 아름다운 광경을 보려고 해맞이를 하러 떠나는 이들이 많다.
어느 스님은 「그냥 흐르는 시간일 뿐인데 묵은 해 새해 하며 분별을 일으킨다」면서 「나는 묵은 해를 보내지만 그대는 새해를 맞이하소」하는 말을 들었다.
그렇다. 새해를 너무 유난스럽게 맞이할 것도 없지만 너무 덤덤한 것도 문제가 있다. 중요한 것은 묵은 것을 털어버리고 새로운 마음으로 새해를 맞이하는 것이 좋겠다.

12

모든 것은 마음이 만든다. 인생사 모두 잘살고 못사는 것도 마음먹기 나름이다.
공자는 하루 세 번 자신을 돌아보라고 했다. 마음에 낀 때를 어찌 돌아보지 않는가 하고 개탄했다.
중생은 업 때문에 갖가지로 괴로움을 겪는다. 이를 〈업장〉이라고 한다. 여러 생 동안에 쌓인 것이다. 일념으로 기도를 해서 녹여야 한다. 과거의 죄업을 뉘우치는 한마음은 소원을 이루는 한마음이다. 소원이 이루어지지 않는 것은 업 때문이다.
아무리 오래 된 때도 일시에 닦을 수 있듯이 업장도 성냥 한 개비로 마른 풀 태우듯 녹일 수 있다. 쌓이고 쌓인 업도 참회로 녹일 수 있다. 진정한 참회로 인생을 복되게 살자.

13

유마거사가 아프다는 말을 들은 문수보살이 문병을 가서 「병세가 어떠냐」고 묻자 「중생이 아프면 보살로 아픕니다」라고 대답했다고 한다.

요즈음 뉴스에 학교폭력 이야기가 자주 나온다. 우리 아이들이 저렇게 폭력적인가? 얼마나 마음이 아프면 죽을까? 어른들의 책임을 통감한다. 중요한 것은 남의 아이가 아프고 폭력을 당하면 내 아이도 그럴 수 있다는 것이다.

내 아이 남의 아이 가리지 말고 보듬고 관심을 기울여 아이들이 아파하지 않는 세상이 되도록 모두가 노력하자.

14

『의심처럼 무서운 것은 없다』

의심은 분노를 일으키고 사람과의 사이를 떼어놓는 근원이 된다. 서로의 마음을 괴롭히는 가시다.

명심보감에도『의심스럽거든 사람을 쓰지 말고 쓰려거든 의심을 버리라』고 했다.

사실이 아니어도 의심을 하고 보면 정말 그런 것처럼 보이기도 한다. 의심을 버리고 믿고 대하는 것이 사람에 대한 예의다. 그럴 때 서로 돕는 협력자가 될 수 있을 것이다.

부처님도 명심보감도 의심을 경계하라고 했다.

15

괴로움은 각 사람의 마음에 있는 것이기에 누구도 해결해 주질 못한다. 나 자신이 나를 제도(濟度)해야 한다.
부처님과 선지식의 가르침대로 정진하고 또 정진하면 내가 나를 괴로움에서 해탈하게 해 줄 수 있다.
법문을 듣고도 정진하지 않고 〈부처님이 구해주시려니〉 하면 영원히 생사에서 벗어나지 못한다.

16

주인공아 들어라.
힘들거나 어려울 때 또는 마음이 들뜰 때마다 안으로 돌이켜 자신을 부르며 〈자신과의 대화〉로 자기 자신을 다독이고 수행이 잘되도록 하는 글귀.
1. 수행은 〈참나〉인 내 마음의 불성을 들여다보고 깨달아 들어가는 것이다.
2. 수행을 잘한다는 것은 용심(用心) 곧 마음을 바르게 쓰는 것이다.
3. 힘들거나 어려울 때(逆境界) 참고 이기는 것이 수행이다.
4. 남을 배려하고 내 노력으로 얻은 결실로 남에게 베푸는 것이 진정한 수행이고 보살이다.

나만 누리고 향유하는 이기적인 세상이라서 이렇게 하면 물질적으로는 손해인 듯하지만 정신적으로는 넓어지게 된다.

17

우리는 〈나는 누구인가. 어디로 가는가〉 〈무엇 때문에 이생에 와서 길다면 길고 짧다면 짧은 생애 동안 갖가지 인연에 얽히어 부대끼며 살아가는가〉 하는 묘한 과제를 안고 살아간다.
여러 철학자들이 이 문제를 풀려고 하지만 풀리지 않는다. 이 문제는 이론적으로 따져서 알려고 하지 말아라.
그것이 궁금하면 〈답답하게 생각하는 그 놈이 무엇인가?〉부터 알려고 하라. 〈네 몸뚱이의 주인인 마음〉을 깨는 것이 급선무다.

18

순간의 마음이 중요하다.
부처님과 한 여인의 전생인연 한 토막.
한 가난한 여인이 부처님께 와서 「잘 사는 길을 일러주사이다」하고 아뢰었다.
부처님께서 「남의 일을 해주고 품삯을 받되 반만 받으라」고 하시었다.
그 여인은 부처님께서 일러 주신대로 품삯을 반만 받았다.
그러자 「저 여인은 품삯을 반만 받는다」는 소문이 퍼지어 일거리가 답지했다.
부처님께서 또 이르시기를 「일을 1시간씩 더해 주라」고 하시어 그 여인은 또 부처님 말씀대로 했더니 일 잘한다는 소문이 나서 마침내는 급고독장자가 자기집의 살림을 맡기게 되었다.
급고독장자는 부처님께 기원정사를 마련해서 바친 장자(큰부자)다.
그런데 이 여인은 장자가 부처님과 제자들에게 공양을 대접한다고 하면 싫어했다.

그래서 장자가 부처님께 그 까닭을 여쭈어 보았다.
부처님께서 그 사연을 일러 주시었다.
「그 여인은 과거세 때 부처님과 부부였고 아란이라는 아들이 있었다. 그런데 남편이 바람을 피우자 그 여인은 아들에게 모든 것을 걸고 살며 "저 사람이 설사 부처가 된다고 해도 저 사람 말은 듣지 않겠다"고 맹세했기 때문에 부처님 모셔다 공양 올리는 것을 좋아하지 않는 것이다」라고.

19

『이 세상에 태어남은 한 조각 구름이 일어남이요.
 이 세상 떠나감은 한 조각 구름이 사라짐과 같다』
〈구름 잡는다〉는 말대로 뜬구름은 실체가 없다.
수증기가 올라가 뭉친 것이 구름이다.
그 수증기가 식어서 물방울이 되어 떨어지면 흩어지고 만다.
구름은 영원하지 않다.
조건이 생기면 다시 만들어지지만 실체가 없듯이 사람도 그렇다.
그러니 태어났다고 기뻐할 것도 없고 죽는다고 슬퍼할 것도 없다.
무량겁래(無量劫來).
그 숱한 세월 동안 나고 죽고를 거듭하는 생사윤회(生死輪廻) 속에서 만났다 헤어졌다 하는 것이 인생이다.

20

〈분별심〉은 「아, 이게 그것이구나」 하고 어떤 일을 나름대로 식별하는 마음작용이다.
그런데 사람들은 그 분별심을 넘어서 그 일이 「이렇게 되었으면」 하고 바라게 된다.
그것이 바로 〈애착〉이고 〈망심〉(妄心)이다.
무슨 일이든 자기 마음대로 안 되면 화가 나고 마음이 혼란스러워진다. 이런 마음을 〈산란심〉이라고 한다.
어떤 일을 보고 듣고 「이는 바른 것이니 따라도 되겠다」고 판단하는 것은 〈분별력〉이다. 분별심은 망심이고 분별력은 지혜다.

21

어떤 사람이 부처님께 「어떤 사람이 착한 사람입니까?」 하고 여쭈었다.
부처님께서 「좋은 사람도 나쁜 사람도 모두 하늘의 달과 같다.
초승달일 때도 있고 보름달일 때도 있다」고 하시었다.
어떤 사람은 초승달이었다가 좋은 행을 해서 보름달이 되어 이웃을 비춘다.
또 보름달이던 어떤 사람이 자기 욕심만 채워서 초승달로 되돌아가 작아져서 조금 밖에 못 비추게 된다는 것이다.
원래 우리는 모두 보름달이다. 어서 보름달로 돌아가야 할 텐데.

22

우리는 대개 상대방이 내가 원하는 대로 해주기를 기대하고 산다.
그러나 상대방은 결코 내 생각대로 움직여 주질 않는다.
기대가 깨지면 갈등이 깊어지고 보기도 싫어진다.
내가 기대하는 상대의 모습은 허상이고 내 생각 속에만 존재하는 것이지 상대방의 의사(意思)하고는 아무 상관도 없다. 내 마음대로 그렇게 바랄 뿐이다.
낙엽이 떨어지고 쓸쓸한 것은 낙엽이 〈나는 쓸쓸하다〉며 떨어지는 것이 아니다. 낙엽이 지는 것은 단지 자연현상일 뿐이다.
낙엽이 지는 것을 보고 쓸쓸하다고 느끼는 것은 내가 그렇게 생각하기 때문인 것이다.

23

우리의 몸.
내 몸은 파초 같아 견고하지 못하다.
그림자가 형체를 따라다니듯 내 몸은 업에 따라서 생긴다.
소리에 따라 생기는 메아리처럼 인연 따라서 생긴다.
번개처럼 잠깐 동안 머물 뿐이다.
물거품처럼 금방 스러지는 존재다.
내 몸에 너무 집착하지 말라.
나는 거짓으로 있는 것, 공(空)이다.
그러나 잠깐 동안 존재하지만 엄연히 살아 있는 몸이고 또 한 생으로 끝나지 않는다.
업에 따라 윤회하게 된다.
그러니 지금 이 자리에서 최선을 다하고 선업을 지어야 한다.

24

현대인.
현대는 효율성과 속도를 강조한다. 남보다 한 발짝 앞서가는 이점이 있기 때문일 것이다. 그러나 인간은 기계가 아니라 감성을 지닌 생물이기 때문에 속도와 효율성을 잃을 수 있다.
한 탐험가가 원주민을 고용해서 짐을 지고 험한 길을 가는데 3일 동안은 탈없이 잘 가던 그들이 4일째가 되자 그 자리에 주저 앉아 꼼짝도 안 했다.
이유를 물으니 「육신이 너무 바빠 오다 보니 영혼이 따라 오질 못해서 영혼이 올 동안 기다려야 한다」고 했단다.
여기까지 정신없이 왔다는 말이었다.
우리는 너무 서두르고 안정을 잃고 휘둘리고 산다. 영혼이 깃든 모습이 되어야 인간답고 아름다울 것이다.
영혼을 잃지 않기 위해 마음을 쉬고 안정된 생활을 하려면 참선을 하거나 불·보살을 염(念)하는 것이 좋다. 안정에 큰 도움이 될 것이다.

25

전쟁터에서 수천의 적을 이기는 것보다 자기 자신을 이기는 것이 더 어렵다. 자기를 이긴 사람을 영웅이라 한다. 『법구경』 술천품(述千品)에 있는 말이다.
마음을 단련하고 온갖 번뇌를 다 털어버리면 최고의 경지인 닐바나(涅槃)에 이르게 된다.
이처럼 마음 다스리기는 나이 들수록 어려워진다.
금강경에는 나를 항복 받고 나를 조복(調伏)하는 가르침이 많이 나온다.
그 중에 〈모든 것은 영원하지 않다〉는 것을 깨달으라고 강조했다. 그러면 집착하는 마음이 스러져서 순간순간에 달라지는 나를 발견하게 될 것이라고 했다.

26

선가(禪家)의 화두(話頭).
조주(趙州)스님에게 한 제자가 물었다.
「개도 불성이 있습니까?」 조주스님은 「무(無)」라고 대답했다.
다시 다른 제자가 또 물었다.
「개도 불성이 있습니까?」 그러자 이번에는 「유(有)」라고 했다.
〈개도 불성이 있기도 하고 없기도 하다〉는 뜻이다.
또 다른 제자가 물었다.
「달마가 중국에 온 뜻이 무엇입니까?」 그러자 스님은 「뜰 앞의 잣나무」(庭前柏樹子)라고 대답했다.
이 말은 선가의 참선은 유(有)니 무(無)니 잣나무(栢樹)니 하고 문자와 언어에 집착하지 말아야 한다는 뜻이다.
진리는 언어·문자·분별심을 떠난 곳에 있기 때문이다. 선사들은 제자의 말 한마디 행동 하나를 보고 그의 공부가 어느 정도 성숙되었는지를 안다고 한다. 간결하고 무미건조한 말로 아주 자상하고 지당하게 진리를 함축해서 보여주는 것이다.
제자들은 스승의 가르침을 받을 준비가 되어있고 성의와 열정을 다해 의심하고 화두를 챙기되 진리를 함축한 스승의 행동이나 말을 알아보는 수행의 안목이 필요하다.

27

업장.
우리는 살아가면서 순간순간을 겪는다.
고비고비마다 장애가 있고 돌아서면 업장이 도사리고 있다. 살아 있으니까 더운 것 차가운 것을 인식한다.
죽으면 1000℃의 불에 들어간들 뜨거우랴? 그러나 우리가 사는 동안에 지은 업의 과를 받는다. 살아 있는 동안이 고통의 연속이다. 마음 먹기에 달렸지만.

28

반야바라밀다심경.
허공 같이 원만하고 절대적인 지혜로 바라밀에 이르게 하는 수행과 바른 삶을 설하신 부처님의 말씀이다.
반야는 〈지혜〉, 바라밀다는 〈완성〉을 뜻한다. 곧 〈지혜의 완성〉이라는 뜻이다. 〈저 언덕에 이르다〉(到彼岸)라고 번역하기도 한다.
제목(8자)을 포함해서 260자 밖에 안되지만 〈무〉(無)자가 19번 〈공〉(空)자가 7번이나 나온다.
〈나〉와 〈세상의 모든 것〉이 다 공이라고 직접 설하신 가르침이다.
〈나〉가 없으니 살아가면서 생기는 끊임 없는 욕망과 시비 자존심 등도 없는 것이며 〈상대〉도 없는 것이다.
취하고 버리는 우리의 의식 또한 없는 것이니 욕망을 절제하고 이른바 아상(我相)이라는 욱하는 마음이나 자존심을 끊어 괴로움을 여의고 삶을 바르게 하고 수행을 완성하도록 가르치신 지혜의 말씀이다.

29

마음은 물질이 아니어서 눈에 보이지 않으니 있다고 할 수 없으나 쉴 사이 없이 드러나기에 없다고도 할 수 없다.
마음은 텅 비어 있어 있다고 할 수도 없고 없다고도 할 수 없는, 있는 것도 아니고 없는 것도 아니다.
진공묘유(眞空妙有)라고 한다. 인연 따라서 일어나는 모든 현상이 완연하나 실체가 없으니 이를 진공이라 하고 인과의 만법이 한결같으니 이를 묘유라고 한다.
비었으나 작용을 하고 드러나 보이기도 한다. 그런 것이 마음이다. 그래서 〈나〉다 〈내 생각이다〉 하고 집착할 것이 없다.
만사에 집착하지 말라고 가르치는 것이 바로 공의 이치다. 이러한 마음. 마음의 있고 없음을 초월한 것이 공이라는 것을 알면 내 마음에 집착하지 않고 더 나은 삶을 살 수 있을 것이다.

30

무명(無明)은 깜깜함이다.
밤에 길을 가는데 어두우니까 땅에 떨어진 새끼토막을 보고 뱀으로 착각하여 허둥지둥 도망가는 것과 같다.
어두운 밤에 나무토막이 쓰러져 있는 것을 보고 사람이 누워 있는 것으로 착각하는 것과 같다.
밤길을 가다가 땅에 사람의 팔뚝이 떨어져 있는 것을 보고 혼비백산하여 경찰을 불러 가보니 마네킹의 팔이었단다.
우리의 마음이 어둡고 깜깜하니 어리석을 수밖에 없고 어리석어 바로 알지 못하니 착각하기 일쑤고 이처럼 무지하니 바른 도리 참다운 진리를 모르고 사는 것이 무명이다.

31

마하반야바라밀다심경.
1. 반야(般若) : 밝은 지혜. 삶의 밝은 빛. 남을 비추는 지혜. 태양 · 전깃불 · 반딧불 같은 각양각색의 지혜가 있을 수 있다.
2. 마하(摩訶) : 크다는 뜻. 크다는 것은 긴 것 짧은 것도 있고, 높은 것 낮은 것 그리고 넓은 것 좁은 것도 있을 수 있다. 마치 허공과 같아서 모두를 포용하는 원만하고 자유자재 한 것을 말한다.
3. 바라밀다(波羅蜜多) : 도피안(到彼岸) 곧 저 언덕에 이르다라는 뜻이다.

우리가 사는 사바는 이쪽(此岸)이고 부처의 세계 곧 깨달음의 세계 이상의 세계인 피안에 이른다는 뜻이다.
걸림이 없는 지혜로 고통과 괴로움의 세계에서 깨달음의 세계에 이르게 하는 지혜의 가르침이 바로 이 경이다.

32

우리는 살아가면서 눈으로 많은 것을 보고 귀로 듣는데 그것을 〈어떻게 소화하느냐〉가 중요한 것이다.
내 앞에 벌어지는 모든 일에 어떻게 대처하느냐 어떻게 소화하느냐가 중요한 것이다.
부처님의 은혜를 갚기 위해서라도 내 마음을 가꾸고 노력해야 한다.
부처님께서는 우리 모두가 부처고 부처가 될 수 있다고 하시었다. 한번의 〈참기도〉를 위해서는 〈천번의 헛기도〉를 해야 한다는 말을 상기하고 포기하지 말자. 하다 보면 성큼성큼 성장하는 나를 보게 될 것이다.

33

달라이라마.
달라이라마가 인도로 망명하고 1년 후 티벳트 스님들이 유격대를 조직하고 중국군과 싸웠다.
중국은 네팔에 간청해서 달라이라마에게 스님들을 진정하도록 설득해 달라고 했다.
달라이라마의 연설이 있다고 해서 기대하고 있던 스님들에게 달라이라마는 「중국 사람도 행복을 원합니다. 살생을 그만하고 고향으로 가던지 인도로 망명해 오라」고 했다.
이 말을 들은 유격대는 통분했으나 법왕의 말대로 유격대를 해산했고 대장스님은 자결했단다.
불교는 나와 남의 행복을 해치지 않으려는 종교다.

34

라훌라와 사리불.
라훌라는 부처님의 하나뿐인 아들인데 사리불의 제자가 되었다.
둘이서 탁발을 하러 나갔는데 브라만들이 사리불의 뺨을 때리고 라훌라를 발우로 때려 얼굴에서 피가 났다.
라훌라는 분해했으나 사리불은 조금도 평정심을 잃지 않았다. 일찍이 무아를 체득한 사리불은 화가 나지 않았다.
라훌라가 사리불에게 「스승께서는 화가 나지 않습니까?」 하고 묻자 「맞은 나가 있어야 아프거나 화가 나지 내가 없는데 어떻게 아프겠느냐」 하고 대답했다. 라훌라는 할 말이 없었다.
사리불이 이렇게 훌륭하니까 부처님께서 라훌라를 그의 제자로 준 것이다.

35

큰스님.
제자가 「평생 동안에 얻은 것이 무엇입니까?」 하니 제자에게 「얻은 것은 없고 다만 기억해 냈을 뿐」이라고 대답했다.
내가 원래 깨달은 사람이고 내 안에 부처가 있다는 것을 기억해 냈다는 것이다.
우리는 밖의 다른 스승에게서 부처를 찾을 수 있을까 하고 평생을 헤맨다. 그리고 〈중생에게는 모두 부처가 있다〉고 말해도 믿으려 하질 않는다.
어디 멀리에 있는 줄 알고 그것을 찾아 헤맨다. 「나 같은 사람에게 부처가 있다니. 있는 것이 아니야」 하면서.
쉽게 수긍이 되지 않더라도 금생에 불법 만났고 불자로 살고 있으니 부처를 닮아가려고 노력은 해야 하지 않겠는가?

36

5가지 은혜—부모 · 스승 · 나라(국왕) · 시주(施主) · 붕우(도반).
누구나 이 5가지 은혜를 받고 산다. 그러니 그 은혜를 갚아야 한다. 정법에 의지하여 깨달아야 은혜를 갚게 되는 것이다. 그러나 공부를 하면 할수록 마장이 생긴다. 공부를 하려고 신심을 내면 낼수록 마장이 다가온다. 크게 발심하고 열심히 공부하려고 하면 마장이 더 크게 다가온다.
데바닷다는 열 생(十生) 동안 부처님을 따라다니며 부처님의 수행을 방해한 마장이었다고 한다. 마지막 생 때는 부처님과 같은 왕가의 사촌간으로 태어나 사사건건 대적했으며 야수다라(태자비, 라훌라의 어머니)를 놓고도 다투다 결국 부처님에게 빼앗겼다. 나중에는 역행(逆行)보살로 부처님을 죽이려고도 했다.
데바닷다는 마왕의 권속이었다. 도를 이루는 이가 있으면 자기의 입지가 좁아지니까 마장이 되어서 도를 깨치지 못하게 하는 마군(魔軍)이 되었다.
그러나 일설에는 부처님께서 역경을 이겨내고 더 분발하여 신심을 내고 수행해서 깨닫게 하기 위한 보살이었다고도 한다.
이렇듯 이 세상에서 나에게 역경으로 다가오고 귀찮고 미운 이가 있으면 이는 내 공부를 시켜주는 역행보살이라 여기고 원망하지 말고 달게 받으라.
세상에는 착하게 살려고 하는 나를 해치고 방해하는 이들이 있다. 업을 짓게 하지만 이는 내가 도를 이루도록 도와주는 역행보살이라 여겨라.

37

어떤 사람이 온 세상을 돌아다니며 이것 저것 다 보고 나서 내린 결론은 〈모든 것은 사라진다-지나간다〉는 것이었다.
〈제행무상〉(諸行無常)이라는 것이다. 우주만물이 생겨나면서부터 변하고 죽어간다. 한 모습 그대로 있지 못한다.
태양도 어제의 태양이 아니다. 오늘의 태양은 변했다. 어제와 오늘이 다르다. 모든 사물도 햇살도 다 조금씩 달라진다는 것이다.
무상하다고 해서 허무하게 사라지는 것을 말하는 것이 아니다. 얼마든지 변하고 달라질 수 있다는 긍정의 의미도 있는 것이다.
머무르지 않기에 달라질 수 있고 변화하기에 무엇으로도 될 수 있는 것이다.
유한(有限)하고 무상한 세상이지만 열심히 살아 좋은 쪽으로 변하도록 노력하자.

38

웃다의 딸.

웃다의 딸이 이교도에게 시집을 가서 부처님을 뵙지 못하게 되자 아버지에게 돈을 보내달라고 편지를 했다. 그리고 그 돈으로 시리마라는 여인을 고용해서 남편과 있도록 하고 그 사이에 부처님을 뵈러 가곤 했다.

하루는 남편이 시리마를 가리키며 부인에게 말하기를 「저런 바보가 어디 있느냐」며 자기를 비웃는 것을 본 시리마는 자기도 모르게 질투하는 마음이 발동해서 끓는 기름을 부인에게 끼얹으려고 하자 부인이 「나는 당신을 원망하지 않기 때문에 데지 않을 것」이라고 말하니 정말 화상을 입지 않았다.

시리마는 원한을 원망으로 대하지 않는 부인을 존경하게 되었고 자기도 부처님께 귀의해서 공양을 올렸다고 한다.

39

파사닉왕의 딸 성광공주.

사위국 파사닉왕에게 아주 예쁘고 총명한 성광이라는 딸이 있었다. 아버지 파사닉왕이 「우리 공주는 아버지를 잘 만나서 호강하고 잘 살지?」하고 물으면 번번이 「아니요. 내 복에 내가 잘사는 겁니다」하고 대답했다. 그럴 때마다 왕은 섭섭해하다가 그 나라에서 제일가는 거지와 결혼을 시켜 궁에서 내 쫓았다.

공주가 그 거지에게 「어쩌다 거지가 되었습니까?」하고 물었다. 그러자 「원래 부자였는데 부모가 죽고 거지가 되었다」고 했다. 그래서 공주가 「살던 집터로 갑시다」하고 부자 때 살던 집에 가보니 폐가가 되어버렸는데 마당 한 구석이 꺼져 있어 이상하게 생각하고 파보니 황금항아리가 나왔다. 부모가 묻어 놓은 것이었다. 그래서 공주는 집을 다시 짓고 하인도 부리며 공주시절 못지않게 잘 살게 되었다.

왕이 이 소식을 듣고 부처님께 가서「제가 공주를 거지에게 시집을 보냈는데 어떻게 잘 살게 되었습니까?」하고 여쭈어 보았다. 그러자 부처님께서 성광공주의 전생을 설해 주시었다.

공주는 과거〈비바시불〉때 한 나라의 왕비였는데 비바시불의 열반탑에 자기의 금부치 등 패물을 걸어 드리고「다시 삼악도에 들지 않게 해주사이다」하고 발원한 공덕으로 공주로 태어났다고 했다.

다만 한 때 거지가 된 것은 전생의 남편인 왕이 비바시불께 공양을 못하게 하자 왕에게 간청을 해서 다시 공양을 올렸기 때문이라고 하시었다.

공주가 궁에서 쫓겨나 결혼한 거지가 전생의 왕이었고 공양을 못하게 한 과보로 한 때 거지 노릇을 한 것이라고 했다.

40

수원 용주사.

조선 22대 정조대왕은 할아버지인 영조대왕이 아버지 사도세자를 뒤주에 가두어 죽이는 것을 목도했다.

왕위에 오르자 화성에 아버지의 능을 새로 조성하고 융릉(隆陵)이라 했다. 그리고 4년여에 걸쳐 원찰을 지었다. 회향을 앞둔 어느 날 정조가 꿈을 꾸었는데 용이 여의주를 물고 승천하더란다. 그래서 절 이름을 용주사라 했다고 한다.

융릉을 조성하고 소나무를 심고 가꾸는데 송충이가 기승을 부리자 왕이 손수 송충이를 잡으면서「생전에 고통 받으시고 돌아가신

아버님께서 편히 쉬시려는데 너희가 아버님을 괴롭혀서야 되겠느냐」고 호통을 쳤다고 한다. 그래서 그런지 지금도 융릉에는 송충이가 없다고 한다.

41

화엄경.
옛날 한 선비가 장터를 지나는데 어떤 사람이 상자 하나를 들고 부득부득 사라고 졸랐다. 하도 성화를 해서 그 선비가 3천 냥을 주고 상자를 샀다.
그런데 그 상자를 판 사람이「저 산에 들어가서 열어 보라」고 했다. 선비는 좀 이상한 생각이 들어서 그 사람 말대로 산에 가서 열어 보니 그 상자 안에서『대방광불화엄경』이 나왔다.
그 선비는 너무 어이가 없어서「화엄경이라. 화엄경. 화엄경」하고 세 번을 외치고 졸도하고 말았다. 졸도했던 선비가 비몽사몽 간에 한 노인이 이끄는 대로 따라갔더니 굴이 있었다.
그 굴에 들어가니 큼직한 항아리가 하나 있는데 한 500년은 되었을 법한 구렁이가 또아리를 틀고 있었다. 그러자 그 노인이 귀엣말로「화엄경을 세번 외치라」고 해서 선비가 대광광불화엄경을 세번 외쳤더니 그 구렁이가 죽어서 감고 있던 항아리에서 스르르 떨어지고 말았다.
그러자 이게 웬일인가. 그 항아리에 금은보화가 가득하지 않은가. 선비가 깜짝 놀라자 그 노인이「저 구렁이는 생전에 큰 부자였는데 죽은 뒤에도 재물에 대한 집착을 놓지 못해 구렁이가 되어 지키고 있었다」고 일러 주었다. 화엄경이란 말만 듣고도 애착 때문에 항아리 지킴이가 된 축생의 몸을 벗게 해준 화엄경의 공덕을 가히 짐작하고도 남음이 있지 않은가.

42

육군비구(六群比丘).
부처님 제자 중의 〈난보・발난타・가류타이・구라나・마숙・만숙〉 등 6비구가 무리를 지어 상가(僧伽)의 위의(威儀)를 떨어뜨리고 다녀서 이들을 〈6군(群) 비구〉라고 했다. 부처님께서도 이들로 인해서 속을 많이 썩히셨다고 전한다.
한번은 우기에 물이 불은 강을 건너다가 발우며 의복 그리고 좌구(坐具)를 다 잃었고 비에 젖은 풀숲을 다니면서 벌레를 밟아 죽이기도 했다.
이를 본 사람들이 붓다의 제자들이 외도만도 못하다고 비난을 했다. 그래서 부처님께서「우기에는 돌아 다니지 말고 한 곳에서 수행하라」며 여름안거를 정하시었다.
옛 경에 〈부처님께서 정하신 계율의 대부분이 이들 6군을 제재하기 위한 것이었다〉고 전한다.
이들 중 발난타는 꽤 능력이 있어서 신도들이 준 발우를 여러 개 가지고 있었다.
이를 보신 부처님께서「소욕지족(少慾知足)하라. 적게 가지고도 족한 줄 알아야 한다」고 경계하시고 발우는 하나만 가지라는 율을 정하시었다.
계율은 수범수제(隨犯隨制) 곧 죄 짓는 것을 미리 막으려고 제정한 것들의 모음이다.
계는 수행규칙을 지키려는 자발적・자율적인 규제고 율은 승가라는 집단이 공동으로 생활하면서 수행하기 위한 타율적인 규칙이다.

43

성덕사와 관음보살의 인연.
충청도 원양에 홍장이라는 장님이 외동딸과 살고 있었다.
어느 날 홍덕사의 주지스님이 탁발을 하러 와서「지금 절을 중창하고 있습니다. 대시주가 되어 공덕을 지으시지요」했다.
그러자 홍장이「나는 시주할 것이 아무것도 없으니 내 딸을 데려가시오」했다. 그래서 스님이 16살 된 홍장의 딸을 데리고 갔다.
그리고 얼마 있다 중국 진나라의 사신이 성덕사를 찾아왔다.
「우리나라의 왕비께서 돌아가셨는데 왕이 꿈을 꾸니 동쪽에 가면 왕비가 될 재목이 있다고 해서 찾아왔소」하고는 금은보화를 시주했다. 그리고 그 딸을 데리고 돌아갔다.
진나라에 가서 왕비가 된 그 딸은 꿈에도 잊지 못할 고국에 3,000개의 탑을 조성해서 조선에 보냈다.
노를 젓지 않아도 배가 날듯이 바다를 건너 원양에 닿았다. 배가 왔다는 전갈을 받은 스님이 배에 가보니 황금부처가 있었다. 관음상이었다. 스님이 그 관음상을 등에 업으니 가뿐했다. 스님은 관음상을 성덕산 관음사에 모셨다.
홍장의 딸은 이 땅에 관음신앙을 펴기 위해 화현한 관음보살이었다.

44

능엄경에〈깨달음에 이르는 가장 으뜸인 방법은 귀로 소리를 듣고 깨닫는 이근원통(耳根圓通)〉이라고 했다. 이근 곧 귀로 소리를 듣고 성품을 깨닫는 그 놈이 무엇인가를 알면 깨닫게 된다는 것이다.
원오스님은 닭이 날개 치는 소리를 듣고 깨달음을 얻었다고 한다.
잘 듣는 것, 귀에 들리는 소리를 듣는 그가 누구인가?

살피는 것이 깨달음의 지름길이다.
깨달음까지는 이르지 않더라도 세상의 소리를 듣고 나의 삶을 되돌아보고 다른 사람의 삶에 보탬이 되도록 노력하자.

45

한 스님이 사미를 데리고 살고 있었다.
하루는 그 사미에게 「집에 가서 8일만 있다 오너라」하고 집으로 내려 보냈다. 그 스님이 6신통으로 보니 그 사미가 7일 안에 죽을 상이었다. 그래서 데리고 있다가 죽으면 부모한테 원망을 들을 것 같아 집으로 보낸 것이다.
그런데 8일 만에 그 사미가 돌아왔다. 어찌된 일인가 하고 다시 신통력으로 살펴 보았다. 그 사미가 집으로 가는데 비가 와서 물이 넘쳐 개미 때가 떠 내려가고 있었다. 그래서 얼른 흙을 돋아서 물을 막아 그 개미떼를 살려주었기 때문이었다. 운명이란 확고부동한 것이 아니다. 노력과 공덕으로 바꿀 수 있는것이다.

46

부처님이 마부에게 「말을 어찌 다스리느냐」고 물으시었다. 그러자 「부드럽게도 하고 강하게도 합니다」라고 대답했다.
그래서 부처님이 「나도 부드럽게도 하고 강하게도 하는데 그래도 말을 안 들으면 죽인다네」하시자 마부가 놀랐다.
부처님께서 「아무리 간곡하게 가르쳐도 듣지 않으면 다시는 마음을 열지 않고 상대하지 않는다네. 목숨을 끊는 것만이 죽이는 것이 아니고 마음을 닫고 열지 않으면 목숨을 죽이는 것과 같다네」라고 하시었다.

47

부처님께서 「진정한 아름다움이란 얼굴이 아름답다거나 몸매가 아름다운 것이 아니다. 또 귀에 들리는 좋은 소리가 진정한 아름다움이 아니다. 마음이 바르고 단정한 것이 진정한 아름다움이다」라고 하시었다.

몸짱이니 얼짱이니 해서 외모 가꾸기 경쟁시대다. 많은 시간과 돈을 드리고 엄청한 노력을 한다. 그러나 바른 생각 착한 성품이 아니면 진정한 아름다움이 아니다.

경에「얼(魂)이 밖으로 나타난 것이 얼굴」이라고 했다. 그래서 〈얼굴은 얼의 꽃〉이라고도 한다. 마음이 얼굴에 그대로 나타난다는 것이다.

내 마음을 가꾸고 아름답게 해서 얼굴에까지 드러난 아름다움이 진짜 아름다움일 것이다.

48

신참스님.

스승을 떠나서 선지식을 찾아 다니던 한 스님이 백장스님 문하에서 〈깨친 바〉가 있어 자기의 스승에게도 그 깨달음을 일러드리려고 집에 돌아왔다.

하루는 스승을 목욕시키다가 스승의 등짝을 때리며 「법당은 훌륭한데 부처의 영험이 없구나」 했다. 속에 지혜가 없음을 탓한 것이다.

하루는 벌 한 마리가 방에 들어와서 열린 문을 놔두고 다른 곳으로 나가려고 헤매는 것을 보고 「무식한 벌이 열린 문을 못보고 저렇게 헤매는구나」 하자 스승은 상좌가 달라졌음을 알고 집을 나간 뒤의 행적을 물어보았다. 그러자 「제가 스승을 구하러 왔다」고 해서 대중법회를 열어 주었다.
상좌는 「신령스러운 광명이 홀로 빛나 모든 티끌을 벗어나고 일체에 드러나 문자에 구애 받지 않는다」고 법을 설했다.
곧 불성은 항상 빛나는데 구름이 태양을 가리듯이 망상 번뇌 때문에 불성이 드러나지 못한다는 법문이었다.
이에 스승이 발심해서 깨쳤다고 한다.
이래서 〈제자는 스승을 구제한다〉는 말이 나왔다. 물론 스승이 제자를 더 챙기지만 말이다.

49

티베트에서는 아이들이 8살~10살쯤 되면 〈죽음〉에 대해 진지하게 일러주어 깨닫게 해준다고 한다. 그래서 그들은 삶의 고마움을 알고 진실해진다고 한다.
사람은 많은 것을 바라고 산다. 그러나 그 바람은 한도 없고 끝도 없으며 나중에는 불길처럼 일어나 겉잡을 수 없게 된다.
그래서 〈안(眼) · 이(耳) · 비(鼻) · 설(舌) · 신(身) · 의(意)〉의 여섯 기관을 통해 일어나는 욕망을 잘 다스려야 한다.
눈에 보이는 대로 욕심을 내고 좋은 소리 아름다운 소리만 들으려 하고 코가 맡는 좋은 것만 쫓고 혀에 맞는 것만 먹고자 하고 몸은 보드랍고 관능적인 자극에 탐닉하는 등 내 뜻에 맞는 대로만 살고자 하는 내 마음은 마치 고삐 풀린 망아지와 같다.
요동치는 이 마음을 다스리지 못하면 몸으로(身) 입으로(口) 마음으로(意) 이른바 3업을 짓게 된다. 이 6근을 잘 다스리면 〈소욕지족〉(少欲知足) 분수에 맞게 만족하며 3업을 짓지 않고 살 수 있을 것이다.

좋은 것이 갖고 싶고 갖고 싶은 것은 어떻게든 가져야 하고 더 많은 것을 가지려 한다. 모든 것은 우주의 것이지 내 것이 아니다. 인연이 닿아서 잠시 소유하다 인연이 다하면 돌려줄 것들이다.
많으면 많은 대로 적으면 적은 대로 인연에 감사하자.

50

부처님 당시 어느 부잣집에 마음이 유한 한 부인이 있었다.
사람들이 그 집 하인에게 「마음이 얼마나 유한지 시험해 보라」고 했다.
그래서 그 하인이 3일 동안 밥을 안 해주었더니 화를 내며 몽둥이로 온 몸에 피가 나도록 때리더란다.
그 하인이 사람들에게 「3일 밥을 안 해주니 없던 성질이 불쑥 일어났나 봐요」 하고 말했다.
거친 과정과 파도를 만나도 마음이 평온할 수 있어야 진정 수행이 잘 된 사람이다. 그러나 대다수 사람들은 역경계(逆境界)에 부딪히면 없을 것 같던 성격이 불쑥 나타난다.
순경계(順境界) 보다 역경계가 나를 단련시키고 공부하게 해주는 기간이라고 생각하면 좋을 텐데 그러질 못한다. 절에 10년이나 다녔으면서도 힘들어 하는 게 보통이다.
그렇다. 순경계는 잠깐이고 역경계가 더 많은 것이 인생살이다. 고단한 것이 당연하다.

51

부석사(浮石寺).

의상(義湘)스님이 당나라 유학을 마치고 신라 문무왕 10년(670)에 귀국할 때 스님을 사모한 여인 선묘가 바다에 몸을 던져 용이 되어 스님의 뱃길을 안전하게 지켰다.

의상스님이 부석사를 창건할 때 그곳에 터를 잡고 있던 산적들이 절을 짓지 못하게 위협을 했다. 그러자 용이 나타나 큰 바위를 공중에 띠워 산적들을 내리칠 듯 겁을 주니 산적들이 스님 앞에 항복하고 제자가 되어 절 짓는 일을 도왔다.

큰 바위가 공중에 떠다니며 산적들을 항복시켰다 하여 절 이름을 부석사(浮石寺)라 했다.

지금도 무량수전 옆에 공중에 떠다녔다는 선묘바위가 있다.

사람이 어떻게 용이 되고 바위가 공중에 떠다니느냐고 따지기 보다 일념으로 의상을 사모하여 용이 되어서라도 스님의 곁을 지키겠다고 서원한 선묘의 아름답고도 갸륵한 사랑 이야기로 기억하고 이해하도록 하자.

52

비운의 왕비 위제희(韋提希).

빈비사라왕과 위제희왕비 사이에 자식이 없었는데 한 예언자가 「설산(雪山)의 선인(仙人)이 죽으면 왕자로 환생할 것」이라고 했다. 그 말을 들은 왕은 급한 마음에 그 선인이 죽기를 기다리지 못하고 부하를 시켜 그 선인을 죽였다. 그래서 그 선인은 원한을 품고 죽었다. 과연 왕비는 아기를 잉태했고 달이 차서 아들을 낳으니 그가 바로 아사세왕자다.

그 왕자가 부처님의 사촌 동생이자 제자인 데바닷다의 꾐에 넘어가서 왕을 감옥에 가두고 굶어 죽기를 기다렸다.
왕비 위제희는 몸에 꿀을 바르고 몰래 감옥에 가서 왕에게 먹였다. 죽기를 기다려도 왕이 죽지 않고 살아 있는 것을 이상히 여긴 왕자는 결국 어머니의 도움이라는 것을 알게 되었다.
화가 난 아사세가 어머니를 죽이려 하자 대신들이「일찍이 아버지를 죽인 자식은 있어도 어머니를 죽인 자식은 없다」며 극구 말려서 어머니마저 감옥에 가두었다.
그러자 어머니가 왕자에게「네가 아팠을 때 밤새 피고름을 입으로 빨아주었고 네가 놀랄까 봐 뱉지도 않고 삼켰다」고 하자 왕자는 크게 뉘우치고 아버지를 살리려고 감옥에 가자 빈비사라왕은「마침내 죽이려는구나」생각하고 실신한 채 죽었다.
업연에 얽힌 자식과 남편의 악연을 지켜본 왕비 위제희는 비운의 여인이었다.

53

사자가 도토리나무 밑에서 낮잠을 자는데 도토리가 사자의 코에 떨어졌다. 깜짝 놀란 사자는 천지가 개벽한 줄 알고 사방을 둘러보았으나 아무 일도 없었고 앞에 도토리가 하나 떨어져 있었다.
사자는 자기를 놀라게 한 도토리 나무에 대해 원한을 품게 되었다.
목수가 재목으로 쓸 나무를 베러 왔다.
사자가 목수에게 말하기를「수레를 만드는 데는 도토리 나무가 최고」라고 했다.
이 말을 들은 도토리 나무는 사자에 대해 원한을 품었다. 그래서 목수에게 말하기를「수레바퀴를 묶는 데는 사자의 가죽이 최고」라고 했다.

목수는 사자를 잡아서 그 가죽으로 수레를 묶어 마차를 완성했다.
서로의 욕심과 원한이 서로를 죽게 한 것이다.

54

아나율(阿那律). 범어로 아누룻다라고 한다.
아나율은 부처님의 10대 제자 중 한 사람이다.
그가 출가한 지 얼마 안되었을 때 부처님이 법을 설하시는데 졸았다. 설법을 끝내신 부처님이 「그대는 출가한지도 얼마 안되었는데 법을 듣다가 졸아서야 되겠느냐」고 책하시자 「이제부터는 결코 졸지 않겠습니다」 하고 밤에도 잠을 자지 않고 수행을 했다.
그러자 눈병이 나서 육신의 눈을 잃고 말았다. 그 대신 마음의 눈인 천안통을 얻었다. 그러나 그것이 깨달음은 아닌데 자만심이 생겨서 깨닫는데 장애가 되어 애를 먹었다고 한다.

55

11면 관세음.
11개의 얼굴을 지닌 관세음보살.
관세음보살은 33가지 형상으로 나타난다고 한다(33觀音). 그 중에서 11면 관세음보살은 머리에 11개의 얼굴을 지니고 있다.
3면(얼굴)은 미소를 띄고 중생을 바라보는 자비상이고 3면은 분노한 표정이다. 자비심을 잃지 않고 중생들을 깨우치기 위해 따끔하게 가르치는 모습이다.
3면은 흰 이를 드러내고 중생을 칭찬하고 기뻐하는 모습이고 1면은 폭소하는 모습이다. 중생들을 한없는 자비로 어여삐 보시며 기뻐하는 모습이다. 관음상의 본 얼굴은 여래상이다.

56

아설시(我說示)는 교진여 등과 같이 부처님의 최초설법을 들은 5비구 중의 한 사람이다.
이 아설시가 사리불을 부처님께 귀의하게 했다. 그래서 사리불은 늘 고맙게 생각하고 아설시의 처소가 있는 곳을 향해 절을 했다.
부처님께서 사리불의 사연을 들으시고「허공에 대고 절을 하는 것은 그 행위보다도 어떤 생각으로 절을 하느냐에 따라서 옳을 수도 있고 잘못일 수도 있다」고 하시었다.
이어서「사리불의 마음이 진정 그러하니 허공에 대고 예를 해도 무방하다」고 하시었다.
부처님의 설법은 가변적이다. 꼭 정한 한 법만으로 모두를 가르치지 않았고 상황에 따라서 적절하게 설하시었다.
부처님이야말로 위대한 교육자라고 하는 연유가 바로 이런데 있는 것이다.

57

뽀띨라 장로(長老).
장로는 지혜와 덕이 높고 법랍(法臘. 출가한 후부터 세는 나이)이 많은 비구를 이르는 말이다.
일반 세속에서는 나이가 많고 덕 있는 사람을 장로라 하고 기독교에서는 선교나 교회 운영에 참여하는 직분을 맡은 사람을 장로라고 부른다.
부처님 당시 뽀띨라는 대강사(大講師)였기에 자만심이 컸다. 부처님은 항상「머리가 텅빈 뽀띨라야. 이리 와라」하고 부르셨다.
뽀띨라는 자기가 자만하는 것을 부처님께서 아시고 지적하신다는 것을 알았다. 그래서 여러 수행자들에게 「나의 자만심을 좀 없애 달라」고 긴청했으나 워낙 대강사라 모두가 피했다.
그러던 어느 날 7살 된 사미승(아직 계를 받지 않은 어린 출가자)이 「가사를 입은 채 연못 속에 들어가 뒹굴라」고 했다. 뽀띨라는 그렇게 했다.
뽀띨라는 이 뿐이 아니라 여러 짓궂은 일도 서슴없이 묵묵히 실천한 끝에 마침내 자신의 자만심을 없앴다고 한다.

58

부처님의 3불능.

여래 · 응공 · 정변지 · 명행족 · 선서 · 세간해 · 무상사 · 조어장부 · 천인사 · 불세존. 부처님의 공덕을 표현하는 10가지의 칭호다. 이렇게 위대하신 부처님이지만 못하시는 일 3가지가 있다고 한다.

1. 중생을 다 제도 할 수 없다.
   그렇다. 부처님 품 안으로 파고 들어오는 이가 아니면 불법을 들을 기회가 없기 때문이다.
2. 인연 없는 중생은 제도 할 수 없다.
   불법을 듣고도 행하지 않는 중생은 부처님도 어찌할 수 없다는 것이다.
3. 중생이 이미 지은 업은 없앨 수가 없다.
   중생이 스스로 선업을 지어 악업을 상쇄해서 과보를 적게 받을 수는 있지만 자신이 지은 업은 부처님도 없애줄 수가 없다.

59

깨달음의 3종류.
1. 상사각(相似覺) : 깨달은 것 같으나 완전히 깨닫지 못한 것. 본인은 깨달았다 하나 아직 못 깨친 단계다.
2. 수분각(隨分覺) : 분(分)에 따르는 깨달음으로 부처님과 같은 완전한 깨달음이 아니고 성문 연각과 같이 자기 혼자만을 위한 깨달음을 말한다.
   그래서 부처님께서는 중생구제의 연을 맺지 않는 성문 연각을 상구보리(上求菩提) 하화중생(下化衆生)하는 보살만 못하다고 하시었다. 분(자기만)에 따르는 깨달음은 널리 이익 되지 않는다고 보신 것이다.
3. 구경각(究竟覺) : 근본 무명을 끊고 아뇩다라삼먁삼보리 곧 위없는 진실한 깨달음(無上正等覺)을을 말한다.

기신론(起信論)에서는 본각(本覺)을 더해서 4각을 주창했다.

60

일체유심조(一切唯心造).
모든 것은 오직 마음이 만들었을 뿐이다.
존재 자체는 선도 아니고 악도 아닌 것을 사람들이 〈좋다〉〈나쁘다〉〈싫다〉고 차별을 한다.
신라 때는 성골 출신끼리의 혼인을 금지했고 조선시대 때는 성의 본관이 같으면 혼인을 금했다.
힌두교에서는 소고기를 안 먹지만 돼지고기는 먹는다.
이슬람교에서는 돼지고기와 닭고기는 안 먹지만 소고기는 먹는다.
법도 제도도 모두 인간이 만든 것이다.

61

배은망덕(背恩忘德).
은혜를 원수로 갚는 것.
어떤 선비가 길을 가다가 죽어가는 자라를 바다에 넣어 주었다. 그러자 자라가 말하기를 「내가 바다서 살기 때문에 대기의 기운을 좀 아는데 앞으로 큰 홍수가 날 테니 배를 미리 만들어 대비하시오」했다.
얼마 후 정말 홍수가 나서 선비는 그 배를 타고 떠내려 가는데 물에 빠진 여우·뱀·사람이 살려달라고 해서 배에 태워 주었다.
물이 빠지고 난 뒤 여우가 「목숨을 살려주셔서 고맙습니다. 이 은혜는 잊지 않겠습니다」하고 산으로 가더니 금 100냥을 캐가지고 와서 주고 갔다.
이를 본 사람이 그 돈을 좀 나누어 달라고 해서 10냥을 주었더니 성에 차지 않는다며 관가에 「도둑질을 한 금」이라고 고발을 했다. 선비가 아무리 설명을 해도 관가에서 믿지 않아 감옥에 갇히고 말았다.
그날 밤에 뱀이 찾아와서 「목숨을 살려주신 은인께서 억울하게 옥살이를 하시다니 제가 구해 드리겠습니다」하더니 약 한 봉지를 내놓으며 「내가 태자를 물어 독이 오르게 할 테니 그때 이 약으로 태자를 살려주십시오」하고 돌아갔다.
과연 다음날 태자가 뱀에 물려서 독이 올라 곧 죽게 되었다며 난리가 났다.
그 선비가 옥졸에게 「내게 묘약이 있으니 왕에게 고해 주시오」해서 그 약으로 왕자의 독을 풀어주니 왕이 몸소 감옥에 와서 고맙다면서 「이렇게 훌륭한 분의 말을 믿지 못하고 옥에 가두었으니 크게 잘못했소」하고 풀어 주었다.

하찮은 짐승들은 은혜를 알고 보은했는데 정작 사람은 배은망덕했던 것이다.

62

육체적인 병과 정신적 치료를 병행하는 것이 이상적인 치료다.
모든 병이 마음을 떠나서 있는 것이 아니기 때문이다.
화엄경에 『마음은 화가와 같아서 갖가지 오음(五陰)을 지어낸다』고 했다. 모든 것이 마음 아닌 것 없다. 그래서 〈일체유심조〉(一切唯心造)라고 한다.
살면서 어려움을 겪을 때 마음 한 번 돌이키면 모든 것이 달리 보일 것이다.

63

정신과 의사들은 자신의 고민을 토로하는 이에게 「당신이 다 옳다」고 말해 준다고 한다.
실제로 자신의 문제에 대한 답은 자신이 잘 알고 있기 때문이다.
『자신의 마음을 스승으로 삼아라. 다른 데서 스승을 찾지 말아라. 자신을 믿고 행하면 어려운 일에 지혜가 보인다』(自燈明 法燈明).
우리는 내가 잘못하는 게 아닌가 하고 의심되기도 하지만 모든 답과 지혜가 내 안에 있다.
나를 가라앉히고 다스리고 믿으면 훌륭한 나의 스승이 되고 믿음직한 도반(道伴)이 되는 것이다.

64

어떤 사람이 이혼을 하고 「사람 잘못 만나 고생만 했다」고 했다. 다시 좋은 사람 만나서 잘 살아보려고 했으나 그 사람은 손찌검까지 했다. 여우를 피하려다 호랑이 만난 격이다.

이렇게 고통을 주는 이를 만나는 것이 우연일까? 또 자신이 고통을 당했다고 하는데 상대는 편안했을까?

자신은 희생자고 자신의 불행은 상대의 탓이라고 한다.

상대가 자신을 고통의 나락(那落)으로 버린 것 같지만 과연 그럴까? 자신이 자신을 버린 것은 아닐까? 고통 그것에도 묘한 쾌락이 있어 사리분별 못하고 또 고통을 택하는 악순환이 이어지는 것은 아닐까?

자기의 운명이라고 여긴다. 자신은 비운의 주인공이며 나쁜 사람 만나서 이렇게 되었다고 생각한다.

비참한 인간관계에 얽힌 사람은 생각도 행동도 멈추라. 자신의 잘못을 반성하고 자신이 달라지기 전에는 옳은 사람을 만날 수 없다.

지금의 생각과 반대로 가야 한다. 자기의 잘못을 먼저 짚어보고 사랑과 용기 그리고 인내로 이 흐름을 바꾸어야 한다.

세상과 상대를 다시 보는 나로 바뀌고 나서 다시 상대를 만나도 만나야 한다. 내가 바뀐 상태에서 말이다.

그리고 힘들더라도 지금의 생활이 최상이라고 스스로에게 말해보자.

65

많은 사람과 섞여서 살 때는 삶이 고마운 것을 모른다. 혼자 일 때 안다. 큰 절에서 큰 살림하고 살면서 늘 깊은 산속에 들어가 살고 싶다고 생각했었다. 그러다 마침내 멀리 떠나 토굴에서 혼자 살게 되었다. 책도 달도 봤다. 얼마간은 아주 좋았다. 그러나 어느 날부턴가 새소리가 싫어졌고 달 그림자도 싫어졌다.
어느 날 산에서 내려오다 아이들을 보았는데 귀여운 그 모습이 정겹고 반가웠다. 사람과 함께 사는 것이 좋다는 것을 알았다.
누구나 말한다. 「내 인생이야말로 책 몇 권을 쓰고도 남는다」고. 인생은 누구에게나 험난하다.
자비로운 보살은 중생을 감싸고 보듬어야 한다. 그래서 손이 천 개고 눈이 천 개인 천수천안관세음이 되어야 한다.

66

도를 구한다는 것.
부처의 평온 그리고 안락은 어디서 오는 것일까?
금강경에 『응무소주 이생기심』(應無所住 而生其心)이라고 했다.
〈머무는 바 없이 마음을 내라〉고 한다. 조금 전에 서로 안 좋은 일이 있었더라도 서로 마음을 풀고 맺힌 마음이 없어야 한다는 뜻이다.
거울은 사람이 오면 사람을 비추고 떠나면 아무것도 안 비친다.
오면 오는 대로 가면 없는 대로 비추는 거울처럼 살라는 것이다.
이렇게 살면 자연히 평온하고 안락할 것이다.
우리는 배우자가 잘못했던 것을 평생 마음에 담아두고 산다.
텅 빈 거울처럼 살아라. 나라고 다 잘만 했겠는가. 머무는 마음 맺힌 마음이 없어야 한다.

67

농부는 배추나 무의 떡잎 무청 등을 들판에 그대로 둔다. 잎들이 썩어 거름이 되기 때문이다. 작물을 자라게 하느라 고생한 땅에게 베풀어 주는 것이다.
『법화경』에 〈육바라밀을 완성하려면 지극한 보시를 하라〉고 했다. 인간에게는 물론 생명이 있는 모든 것들에게 나누라고 한다. 그렇게 하는 것이 살아 있는 것들과 나누고 함께 하는 참다운 보시인 것이다.

68

우리는 〈시간이 간다〉 〈세월이 간다〉고 간다는 말은 많이 하지만 온다는 말은 잘 쓰지 않는다. 시간도 세월도 마음도 내 곁에 잠시도 머물지 않고 멀어지고 흘러간다는 것을 너무 잘 알기 때문일 것이다.
진정한 불자라면 우리 곁에서 잠시도 머물지 않는 시간과 마음을 잘 관리해야 한다. 〈세월 앞에 장사 없다〉고 하지 않는가.
변하고 흘러가는 세월을 받아 들이지 않을 수 없다.
부처님께서는 『변하기 때문에 괴롭고(苦) 모든 현상은 시시각각 생멸하고 변화하니(諸行無常) 이것이 바로 생멸법(是生滅法)』이라고 하셨다.
이를 받아들이고 순간 순간 최선을 다해 살아가는 것만이 진리다. 더욱 중요한 것은 후회 없는 삶을 살도록 노력하는 것이다.

69

기업에는 인재가 부족해서 난리고 학생들은 일자리가 없어서 그야말로 대란이다.
공자는 인재를 불러 모으는 비결은 〈멀리 있는 인재를 찾지 말고 가까이 있는 사람들을 격려하고 잘해 주는 것〉이라고 했다.
아이가 다소 부족하더라도 「이것을 이렇게 잘했으니 저것도 잘할 거야」 하고 격려해 주면 그것도 잘하게 된다고 한다.
사람을 변화시키고 키우는 방법은 〈애정 어린 표정〉과 〈긍정해 주는 말〉이라고 했다.

70

아버지가 죽으며 큰아들 내외에게 「동생을 잘 돌봐주라」고 당부를 했다. 그러나 그 형은 동생을 깊은 산 속 나무에 묶어 놓고 「내일 아침에 데릴러 오겠다」고 했다.
아이가 「살려 달라」며 울고 있을 때 마침 부처님이 지나시다가 보고 살려주셨다. 그리고 「어디로 가겠느냐」고 물으시니 「수행자가 되겠다」고 했다.
부처님의 제자가 되어 수행을 해서 마침내 아라한(阿羅漢)[2]이 되었다.
아라한이 된 동생이 형을 찾아갔더니 형이 깜짝 놀라 어쩔 줄 모르자 「형이 나를 버렸기에 수행자가 되어 수행을 할 수 있게 되었으니 오히려 고맙다」고 했단다.

---

2) 阿羅漢 : 줄여서 羅漢이라고도 한다. 初期佛敎 때 修行者가 오를 수 있는 最高의 境地. 그 때는 부처님도 阿羅漢이라고 했다. 나중에 부처님과 구별하기 위해 修行者를 聲聞(부처님의 가르침을 듣는 자)이라고 했다.

71

한 법당에 몇 십 년째 다녀도 눈물이 나지 않았는데 어느 법당에 한 번 갔는데 눈물이 펑펑 쏟아진다. 눈물이 펑펑 쏟아지고 후련해지는 현상을 인지법행이라 하는데 이는 10여 년 이상 스님에게 배우고 법당에 다녀 업장이 소멸되었기 때문에 다른 법당에 갔을 때 지혜가 열려서 눈물이 난 것이다.
불교의 모든 것은 과거와 관련이 없는 것이 없다. 그래서 미래의 과거인 현재가 중요한 것이다.
가장 중요한 시간은 지금이고 가장 중요한 순간은 함께 할 사람과 같이 있는 것이고 가장 중요한 일은 함께 있는 사람을 위해 좋은 일을 하는 것이다.

72

불자들 중에는 윤회가 불교의 대표적 가르침이고 부처님은 기복의 대상이라고 생각하는 이들이 많다. 그래서 부처님께서 관상이나 봐주고 신통을 부리는 분이라 여기는 이도 있을 것이다. 그러나 부처님은 철저하게 현실적이어서 점을 보거나 아는 소리를 하지 말라고 엄하게 경계하시었다.
성도하시고 나서 고국인 카필라바투(迦毘羅衛)에 처음 가셨을 때도 제자들과 똑같이 거리에 나가서 걸식을 하셨다. 이를 본 아버지 정반왕은 매우 놀라서 「부처님과 제자들의 공양이야 궁에서도 준비할 수 있거늘 어찌 걸식을 하시오. 사람들이 나를 뭐라고 하겠습니까」 하고 매우 서운해 했다고 한다.
정반왕은 〈천상과 천하에 비길 데 없이 거룩하신 부처님〉이신데 밥을 빌어먹는 거지 중의 상거지 노릇을 이해하지 못했던 것이다.

부처님은 매일 규칙적인 생활을 하시었다. 탁발하시고 돌아오시면 발 씻고 제자들에게 법을 설하시고 중생들을 제도하시고. 언제 어디서나 지혜와 자비를 실천하신 분이었다. 깊이 새겨 보자.

73

불자 세 사람이 주안 용화사로 전강스님을 친견하러 갔다.
한 스님이 머리에 수건을 동여매고 나무를 패고 있었다.
「전강 큰스님이 어디 계십니까?」 하고 묻자 「내가 전강이요」라고 했다.
깜짝 놀라서 「장작을 패고 계셔서 큰스님이 아닌 줄 알았습니다」 하고 사죄를 드리고 「공부를 어떻게 해야 합니까? 도가 뭡니까?」 하고 여쭈었다.
그러자 스님이 「미친놈들 다 놔라. 놔버려야 하는 것이다」 하고 대답하시었다.
두 사람은 말뜻을 못 알아들었고 한 사람은 「뭘 놓으라는 거야? 뭐야. 뭐야」 하다가 답이 나왔다.
6.25때 피난길에 자기 눈 앞에서 마누라가 죽는 것을 본 것이 평생 가슴에 맺혀 몸과 마음이 편하지 않았다. 그 죽은 사람을 놓아 주라는 것이었다. 그 후 그는 산 사람에게 잘하고 식구끼리 잘 살았다고 한다.
같은 말도 각기 그 근기에 따라 〈깨달을 수도 있고 쓸데 없는 말이 될 수도 있는 것〉이다.

74

선 수행(禪修行)의 기쁨.
선 수행으로 한 시간 이상 마음을 집중해서 지속적으로 관찰할 수 있을 때의 희락은 즐겁고도 순수한 행복이다.
항상 누리는 기쁨, 영원한 행복, 나아가 본성을 깨달으면 극락이 된다. 진솔한 즐거움의 세계. 순수하게 집중이 깊어지면 삶의 행태가 달라진다.
마음이 여유로워지고 양보심이 생기고 머리로 배워서 생긴 것이 아닌 마음에서 울어 나오는 자연스런 도덕심을 지닌 사람이 된다.

75

우리는 역사를 통해서 현명한 인디언들의 말과 지혜 그리고 삶의 방식을 배우고 많은 것을 느끼고 감동할 뿐이다.
어느 날 백인이 와서「땅을 사겠다」고 하자 인디언이「부드러운 공기 · 새소리 · 울창한 숲 · 바위 · 땅 등 이는 우리의 소유가 아닌데 어찌 팔겠느냐」고 했다.
그렇다. 세상은 소유하는 것이 아니라 잠시 머물면서 빌려서 쓰다가 가는 것이다. 자연도 물론 우리의 소유가 아니다.
『자타불이』(自他不二) 나와 너는 둘이 아니라는 말이 있다. 세상 모두가 우리의 소유가 아니라는 것을 깨달으면 그들과 내가 둘이 아님을 알고 차별도 분별심도 없는 자비로운 불자가 될 것이다.

76

진정한 기도는 〈욕망의 불덩이를 내던지는 것〉이다.
이 불덩이만 놓아버리면 무릎 아프게 절하지 않아도 되고 도인이나 스님을 찾아 다니지 않아도 된다.
모든 문제는 내가 만들고 내가 받는 것이다.
욕망을 내려 놓은 사람은 인과에서 벗어나기 때문에 업의 법칙에 저촉되지도 않는다.
어린아이가 양손에 장난감을 들고 또 옆에 두고도 다른 것을 보면 그것도 갖고 싶어서 욕심을 내다가 결국은 다 떨어뜨리는 것을 보고「웬 욕심이야」한다.
그러나 우리는 더하다.
양손에 〈욕망〉이라는 뜨거운 공을 들고 뜨거움을 면해 보려고 이 손 저 손으로 옮기면서도 그 뜨거운 공을 놓지 못한다.
『방하착』(放下著)이라는 말이 있다.
내려 놓는 것과 잠시 놓는 것은 다르다.
뜨거운 공을 내려 놓지 않고 뜨겁지 않기를 바라지 말아라.
내려 놓으면 원망도 미움도 사라지게 된다.

77

산속의 한 절에 아랫마을 부잣집 아들이 와서「아버지의 시다림을 해달라」고 했다.
스님은「먼저 가시오. 곧 뒤따라 가겠소」하고 먼저 내려 보냈다.
스님이 누더기를 걸치고 상가에 갔더니 대문 밖에서「오늘은 당신 같은 사람이 오면 안 된다」며 박대를 받았다.
스님이 다시 깨끗한 옷으로 갈아 입고 상가에 갔다. 그러자 주인집 아들이 반기며 맞아드렸다.
스님은 그 자리에서 입고 있던 비단옷을 벗어 놓고 돌아가려고 하자 그 아들이 깜짝 놀라며 만류했다.
그래서 스님이 말했다.
「당신이 환대한 것은 내가 아니라 이 비단옷이니 옷을 두고 갈 수밖에요」하고 말했단다.

78

한의사들은 말한다.
「신경이 예민하고 말도 없는 사람은 건강에 나쁘다. 그러다가 암으로 변할 수도 있다」고 한다.
건강해지려면 하루 3시간 〈관음정근〉을 하라고 한다.
소화도 잘 되고 몸 속에 쌓인 나쁜 기운이 다 발산되어서 건강에 좋다고 한다.
정성스럽게 또렷한 발음으로 정확하게 해야 한다.
응얼거리지 말라고 한다. 무엇보다 진실한 마음이 중요하다.
〈가랑비에 옷 젖는다〉고 처음에는 이 비에 옷이 젖을까 싶지만 웬걸 옷이 젖듯이 내면과 외면이 바뀌어 지혜가 열린다.
수행 기도는 남에게 보이기 위한 것이 아니다.
수행자는 〈공부 자랑〉하지 마라.
하루하루 소처럼 우직하게 꾸준히 하다 보면 원하는 바를 이룰 것이다.

79

「모든 것을 말했고 손바닥을 펴 보이듯이 다 드러냈으니 따로 더 설할 것이 없다. 법이 이러하니 간과하지 말라」고 매일 실천을 통해 일상의 삶을 제자들에게 보이신 그 분. 그것이 부처님의 삶의 모습이다.
더 좋은 법이 따로 있지 않을까 하고 의심하지 말고 하나의 가르침이라도 실천하는 것이 그 분이 베풀어 주신 은혜의 만분의 일이라도 보답하는 길이다.
『보왕삼매론』에 세상사에 어려움이 없기를 바라지 말라고 했다. 곤란이 없으면 깔보고 사치로워지기 쉽다. 근심과 곤란함을 약으로 여기고 살아가라.
그렇지 않아도 힘든 세상인데 곤궁을 겪으라는 것 같지만 그렇다고 매일 편안하기만 하면 행복할까? 곤란을 겪은 뒤의 조그만 한 행복이 우리를 더 즐겁게 해 줄 것이다.

80

어느 부인이 눈이 멀었다. 그러자 남편이 3년을 손과 발이 되어 돌봐 주더니 어느 날 「이제는 혼자 다니라」고 했다.
넘어지고 다치고 울면서 겨우 길이 들었다. 하루는 여인이 버스를 탔는데 기사가 「부인은 참 행복하네요. 어쩌면 그렇게 한결같이 남편께서 같이 따라 다닙니까?」 하며 부러워 했다.
남편은 아내가 홀로서기를 하도록 내쳤지만 아내 모르게 항상 뒤를 따라 다녔던 것이다. 아내는 버스 기사의 말을 듣고 다시 한번 울었다. 처음 3년 동안 자상하게 돌봐준 것은 〈섭수자비〉이고 나중에 혼자 다니게 하고 뒤에서 돌봐준 것은 〈절복자비〉다.

81

우리는 좋은 기도처를 찾아 다닌다. 그런 곳이 분명히 있다. 그러나 어쩌다 한 두번 가는 것은 몰라도 너무 집착하는 것은 좋지 않다. 기도한다며 오히려 분별만 키우는 것이 아닐까? 내 마음을 바꾸어야 한다.
내가 처해 있는 곳에서 리더가 되라(隨處作主)·내가 있는 지금이 바로 내 자리(立處皆眞)라 하지 않는가? 어찌 기도 도량이 따로 있을까.
내가 진정한 기도를 하는 곳이 바로 기도처고 도량이다. 넓게 보면 꼭 불·보살이 계셔야만 하는 것은 아니다. 내 가족·내 이웃·평소에 미워하던 사람도 다 부처고 보살이거늘.
이들을 위해 기도하자. 살아 있는 부처님 아니든가.

82

스리랑카는 더운 나라다. 더운 나라에 사는 사람들의 속성이 게으르고 느긋하다. 그래서 무리하여 일하지 않는다. 더운데도 부지런히 일하는 사람을 보면 이해하지 못한다.
우리나라 사람들은 더운데도 밭에서 일을 하다가 죽기도 한다. 인간의 이기심과 편리함에 대한 욕구를 버리지 못하고 환경을 파괴하고 온실가스를 배출해서 빙하가 녹고 마침내 기후변화를 초래했다.
이제 우리나라도 더우면 쉬고 때로는 게을러져야 하는 아열대 기후로 변해간다. 남쪽에서는 소나무가 차차 없어져 간다지 않는가? 덥고 힘들 때 쉬는 것은 게으름이 아니라 더욱 힘을 내기 위한 휴식이다.

83

어느 날 문득 내가 가진 모든 것이 초라하게 보일 때가 있다. 성공한 이웃, 잘 나가는 친구 이야기를 들으면 초라해지는 것이다. 그러나 내가 이룬 것이 없다 해도 처음보다는 모든 일에 능숙해 졌고 이웃에 도움도 줄 줄 알고 가정에서도 나름대로 역할을 하고 있다. 배우자로서 부모로서 손색이 없이 살아온 것이다. 남과 비교하면 물질적인 가치만 보인다. 자신을 〈자신 자체〉로 사랑하며 자신에게 있는 잠재력을 찾아 보라.

84

『응무소주 행어보시』(應無所住 行於布施).
머무는 바 없이 보시를 해라.
내가 보시했다는 생각을 마음에 담아두지 말라는 뜻이다.
세상에 존재하는 모든 것은 성주괴공(成住壞空)한다.
우주 만물이 생성되면(成) 잠시 머물다가(住) 붕괴되어(壞) 공으로 돌아간다(空).
사람은 생로병사(生老病死). 태어나서(生) 유소년기를 지나 청장년이 되면 차차 늙고(老) 병들어(病) 마침내는 죽음을 맞는다(死).
자연은 생주이멸(生住異滅). 대자연도 산이며 숲 바다며 대지가 생성되면(生) 한 세월 그 모습을 지키지만(住) 세월이 흐르면 변화를 일으켜(異) 마침내 멸하고 만다(滅).
춘하추동(春夏秋冬). 봄이 되면 새로운 생명이 움트고(春) 여름내 무성하지만(夏) 가을 바람이 일기 시작하면 단풍이 들고 잎이 진다(秋). 겨울이 되면 눈보라 치고 모든 것이 얼어붙는다(冬). 다시 봄을 기다리며.

모든 것은 변하고 흐르는 것이 진리요 이치다. 흐르는 물도 고이면 썩는다. 어디에고 머물지 말고 집착·애착하지 말고 좋은 일이든 나쁜 일이든 상(相) 내지 말고 흔적을 남기지 말아라.

85

위폐(位牌)는 육신이 썩거나 재가 되어 없어지더라도 정신적인 영혼이 깃들게 하려는 산 사람의 마음씀이다. 마음의 무덤이라 할 수 있다.
우리는 몸뚱이와 마음이 나라고 여기며 살지만 이는 영원하지도 않을 뿐더러 고정된 실체(實體)가 있는 것도 아니다.
우리 몸은 하루하루 늙어가고 병들고 특히 마음이나 생각은 물거품 같아서 순간 순간마다 부서지고 없어지고 변한다. 그러니 내세울 것이 없다.
어리석게도 이런 사실을 깜빡 잊고 살아있다고 흥청거린다. 이처럼 산송장처럼 사는 것을 움직이는 무정이라고 한다.

86

일기일회(一期一會).
일생에 단 한번 만나는 기회라는 말이다. 불교에서는 사람의 일생을 일기(一期)라고 한다.
이 사람과의 만남이 단 한번의 기회라고 생각하면 뜻 깊고 소중한 기회가 될 것이다. 그러나 여러 번 만날 사람이라 여기면 소홀하게 여길 수도 있다.
우리의 일생도 마찬가지다. 단 한번의 기회라면 얼마나 소중한 일생인가.

살아 있음을 고맙게 여겨라. 고마움을 세상과 나누기 위해 살아 있다고 여겨라.
삶은 소유가 아니라 순간순간 있음이다.
순간에 살고 순간에 죽는다.
나답게 살고 나답게 죽어라.
하찮은 생각에 휩쓸리지 말고 행복과 불행에 연연하지 말아라.
영원히 좋은 것도 없고 잃을 것도 슬플 것도 없으며 더구나 얻었다고 기뻐할 것도 없다.
모든 순간은 한번 뿐이다. 지금 어떻게 사느냐에 따라서 다음 생의 〈나〉가 만들어진다.
삶의 순간순간을 최선을 다해 살아라.

87

인간의 DNA는 200만년 동안의 기억이 저장되어 있다고 한다. 아카시아 레코드라고 하는 제8식[3]인 아뢰야식(阿賴耶識)은 나의 모든 정보가 내장되어 있는 곳이다.
내 모든 기억이 고스란히 장전되어 있을 뿐 아니라 앞으로 살아가는 동안에 짓는 모든 행위가 저장되는 곳이다. 나의 말·뜻(意)·행동(身口意 三業)이 고스란히 말이다. 기록에 따라 업의 힘에 따라 윤회를 할 것이다.

---

3) 제8식 : 眼識 耳識 鼻識 舌識 身識 意識의 6識과 제7識인 末那識 그리고 제8識인 阿賴耶識을 합해서 8識이라고 한다.

88

자기가 잘한 것만 생각하고 내세우는 사람은 어리석은 사람이다.
잘한 것보다 뭔가 부족하고 미흡한 일에 대해 반성하고 자기 삶을 한층 더 새로이 하려는 사람은 지혜로운 사람이다.
물질은 있으면 더 갖고 싶지만 바란다고 되는 것도 아니다.
내가 가진 것은 네게는 없고, 네가 가진 것이 내게는 없는 등 상대적이다.
지혜는 진리에 눈 뜨는 순간 생기고 채워진다.
지혜는 무한대하고 언제고 어디에고 있다.
지혜는 기쁨이요 행복이다.

89

마음이 삿된 쪽으로 기울더라도 그 마음 따르지 말고
마음이 음탕해지려고 할 때 그 마음 따르지 말고
마음이 약해지려고 할 때 그 마음 따르지 말고
마음이 부귀를 좇으려고 할 때 그 마음 따르지 말라.
마음을 단속하고 마음을 다스리기가 쉽지 않다.
살면서 마음 때문에 휘둘리고 힘들 때가 많다.
마음 따라 몸을 놀리다 휘둘려서 괴로워 하지 말고 마음 따라 몸이 휘둘리지 않는 〈주인공의 삶〉을 살자.
단단한 나무가 땅속에 깊이 뿌리를 박고 꿋꿋이 살듯이 말이다.

90

계와 율.
계는 스스로가 지키겠다고 결심한 자율적인 규범이고, 율은 출가 수행자가 지켜야 하는 규범이다. 재가자는 승가(僧團)에 속해 있지 않으므로 해당되지 않는다.

1. 금계(禁戒) : 붓다께서 정하신 계. 꼭 지켜야 한다. 어기면 안 된다. 예컨대 살생·도둑질·음행·망어·음주 등 5계·8계·사미계·구족계가 다 금계다.
2. 차계(遮戒) : 술을 마시는 그 자체는 죄악이 아니지만 그로 인해서 여러 죄를 저지르게 되므로 붓다께서 하지 말라고 하시어 계가 된 것을 말한다. 불음주계를 비롯해서 48경계 등이 이에 해당된다.

술을 마시려니까 안주가 필요해서 옆집 닭을 잡아 먹고 닭 주인에게 닭을 못 보았다고 거짓말을 하니 죄가 되고 또 술기운에 옆집 여자를 범하니 음주로 이성을 잃어 다른 죄를 저지르게 되므로 경계한 것이 차계다.

91

어떤 이가 지옥에 떨어져서 곰곰이 생각을 했다.
「뭔가 하나라도 잘한 일이 있을까?」하고. 그때 생각이 났다.
거미가 발에 밟히지 않으려고 이리저리 피해 다니는 것을 보고 밟지 않고 지나간 일이 있었다.
그 생각을 하는 순간 거미 한 마리가 나타나더니 거미줄을 늘어뜨려 주는 게 아닌가. 그는 얼른 그 거미줄을 잡고 기어오르기 시작했다. 그러자 근처에 있던 다른 중생들이 주렁주렁 매달려서 기어오르고 있었다.

「이렇게 여럿이 매달리면 거미줄이 끊어져서 도로 지옥에 떨어지겠다」고 생각한 그는 뒤에 매달린 사람들을 발로 차서 떨어뜨렸다. 그 순간 자신도 지옥으로 다시 떨어졌다.

선과(善果)나 복을 나 혼자만 누리려고 하면 그것마저 잃게 된다는 교훈이다.

좋은 과보를 받을 원인을 짓는 것을 선근(善根)이라고 한다. 착한 행을 해서 선근을 심으면 반드시 좋은 열매(善果)를 맺는다고 하지 않던가.

92

맞벌이를 하는 부부가 찾아왔다.

아이를 할머니가 키우고 있어 그 부부는 아이에게도 노모에게도 늘 미안했지만 맞벌이를 그만둘 처지도 아니었다.

미안한 마음은 불편한 마음이다. 서로가 편치 않다. 그렇다고 당연하다고 생각하면 이 또한 좋지 않다. 그럼 어떤 마음을 가져야 하나. 〈미안한 마음〉을 〈고마운 마음〉으로 바꾸는 것이다. 마음은 라디오의 주파수와 같아서 〈고마운 마음〉을 내면 고마워 할 일이 생기고 아이를 비롯해서 모두가 편해지지만 미안해 하면 불편한 일이 생겨서 아이가 짜증스러워 하거나 자주 아프게 된다.

그러나 아이에게 〈잘 자라 주어서 고맙다〉며 내가 항상 너를 돕고 염려한다는 마음을 보내면 잘 크게 된다.

직장 상사나 동료 그리고 아랫사람에게도 이런 마음으로 대하면 그들이 편해지고 또 감사할 일들을 하게 된다.

고마운 마음을 내면 고마운 일이 생기고 미안한 마음을 내면 미안한 일만 생기는 것이다.

미안해 하기보다 고마워하는 긍정적인 생각으로 살아가자.

93

생자필멸(生者必滅) 회자정리(會者定離).
태어난 것은 반드시 멸하고 만나면 반드시 헤어진다는 것이다.
세상만사가 다 그렇다.
모이면 흩어지고 또 다시 만나고 또 헤어진다.
아쉬워 하는 사이에 가을이 가고 겨울이 온다.
추운 겨울과의 만남 그리고 헤어짐.
그리고 봄과의 만남. 지금 봄의 문턱에 와 있다.
인간의 하루도 이처럼 만남과 헤어짐의 연속이고 반전의 연속이다. 그런 가운데서 희로애락(喜怒哀樂)을 겪으면서 시시각각 변하는 무상(無常)을 몸으로 느끼며 살아간다.
지난 시간을 되새기며 반성도 하고 성찰도 한다.
그리고 새로운 내일을 위해 힘차고 벅찬 출발을 해야 할 텐데 마음이 무겁다.

94

현악기는 정기적으로 조율을 해줘야 한다. 늘어지거나 팽팽해진 줄을 알맞게 조율해야 아름다운 소리가 나기 때문이다.
부처님께서 한 제자에게 이르시기를 「수행도 너무 조급하면 병이 나고 너무 늘어지게 하면 게으름에 빠지게 된다」고 하시었다.
너무 빨리 하려고 집착하지도 말고 너무 느리게 게으름을 피우지도 말고 힘써 정진하라고 하시었다.
거문고 줄도 느슨하거나 팽팽하지 않아야 좋은 소리가 나듯이 수행도 너무 당기거나 느슨하지 않도록 조화롭게 수행하는 것이 중요하다.

95

노화된 우리 몸의 세포는 죽고 새로운 세포가 생겨나서 끊임없이 바뀐다. 이런 주기를 기준으로 볼 때 일년이면 완전히 다른 세포로 바뀐다고 한다. 이처럼 새로운 생명으로 변화되지만 사람이 180도로 완전히 바뀌는 것은 아니다.
그러나 우리는 이런 변화와 함께 어제보다 나은 오늘이 되도록 많이 웃고 감사하며 더 베풀어서 1년 전의 나보다 새로워진 내가 되도록 노력하는 것이 좋을 것이다.

96

우리는 살면서 많은 생각을 한다. 그러나 그 많은 생각들이 거의 쓰레기 수준이다. 끊임 없이 일어났다 꺼졌다 하는 생각을 없애려면 참회문 발원문을 독송하면 없앨 수 있다.
재수생에게 마음을 비우고 공부하라고 한다.
긴장하지 말고 떨어진다는 생각 하지 말고 남과 비교 하지 말고 오직 할 바만 하라는 말이다.
모든 것은 생각하는 방향에 따라 이루어진다. 긍정적인 생각을 하는 이에게 좋은 결과가 있게 마련이다. 긍정적으로 생각하며 살자.
잘하는 과목은 점점 더 채워가고 잘 못하는 과목에 중점을 두고 차근차근 해 나가자. 나도 할 수 있다는 긍지를 잃지 말라.
나를 남들과 비교하고 따라갈 수 없다 힘들다고 단정하면 뇌도 그대로 반응해서 원활하게 움직여 주지 않는다고 한다. 긴장하고 체력이 저하된다고 한다.
오로지 공부에 집중하라. 다른 생각은 하지 말라.

97

지혜로운 이를 따르고 마음을 넓고 너그럽게 갖자.
오는 것을 막지 말고 가는 것을 잡지 말자.
남이 나에게 잘해 주기를 바라지 말고 지나간 일에 대해 원망하지 말아라.
부처님 말씀을 새겨보면 아주 간결하면서도 깊이가 있다.
오는 사람 막지 말고 가는 사람 잡지 말라.
물 흐르듯 살면 원망도 줄어들 것이다.
진리는 이렇게 단순하고 간결한데 이를 보는 우리의 마음이 너무 복잡한 것이 문제다.
좀 단순해지자. 있는 그대로 보고 흘려 보내고 지난 것까지 꺼내어 되뇌지 말자.

98

해탈은 죽어서 이 몸을 벗어 던지는 것을 말하지만 금생에 살아 있으면서 해탈한다는 것은 곧 걱정거리나 근심에서 완전히 자유로워지는 것을 말한다.
사람은 〈좋다 싫다〉 등 갖가지 생각에 묶이고 또 〈보고 듣고〉 그것에 얽매인다.
누가 얽어 매지 않아도 자신을 틀 속에 묶어 자유롭지 못하게 하고 괴로워 한다.
〈나와 남〉〈좋고 싫음〉〈사랑하고 미워함〉 또 큰집 · 아름다움 · 부자 · 명예 · 예쁨 · 날씬함 등등 얽매이는 요소도 참으로 많다.
틱낫한 스님에게 「고민이 있는데 해결할 수가 없습니다」 하니 「그러면 그 고민을 버리라」고 했단다.

해결하지 못할 고민을 왜 끼고 고통스러워 하느냐는 것이다. 명쾌한 답이다.
현재를 인정하고 만족하고 밖으로 향하는 마음을 안으로 돌려 비교하지 않으면 나를 속박하는 것들로부터 훨씬 수월하게 벗어날 수 있다고 한다.

99

개금(改金).
개금이란 불상에 금을 입히는 것을 말한다.
이 개금을 우리는 장엄(莊嚴)으로 생각하는데 단순히 장엄을 하기 위해 금을 입히는 것이 아니라 경에 근거해서 개금을 하는 것이다.
불교에서는 아름답고 훌륭한 것으로 국토를 꾸미고(國土莊嚴) 수행과 공덕으로 자신의 몸을 꾸미거나 불단을 향·꽃 등으로 꾸미는 것 등을 모두 장엄이라고 한다.
부처님은 32상 80종호라 해서 몸에 특별한 표상이 있다. 그 32상 중 14번째에 〈온 몸이 황금색〉(身金色)이라고 했다. 그래서 이에 맞게 개금을 하는 것이다.
부처님의 몸에서는 금색 광명이 사방에 한 길이나 비친다(常光一丈)고 한다. 이 빛을 광배라고 하며 머리 뒷부분에 둥근 원형으로 표현하기도 하고 전신의 광배를 배모양(舟形)으로 표현하기도 한다.
『대지도론』(大智度論)에 보면 부처님 몸의 금색 광명은 묘해서 개금의 금빛과는 분명히 차원이 다르다고 했다.
옛날 왕실에서 조성한 불상은 순금이어서 아주 예쁘고 품위가 있다. 국립박물관에 가면 볼 수 있다.

100

처음 보았는데 그 사람이 낯설지 않았다. 그리고 그 사람의 성격까지도 짐작하고 헤아렸다.

그러나 한참을 지나 그 사람을 우연히 만났는데 기억이 되살아나고 그 사람의 성격까지도 알게 되는 것은 제7식인 말나식에 의해 제8식인 아뢰야식에 저장되었다가 다시 되살아났기에 가능한 것이다.

우리의 모든 행위와 기억은 우연한 것이 아니다. 우리의 모든 언행이 다 저장되어 있다가 어떤 인연을 만나면 그것이 다시 발현(發顯)되는 것은 당연한 일이다. 따라서 자기의 행위를 되돌아보고 자기 앞에 벌어지는 상황을 반성하고 고쳐가는 수행이야말로 아뢰야식 속에 좋은 종자를 심어두는 일일 것이다.

101

무안이비설신의(無眼耳鼻舌身意).
내 몸과 마음이 무상하고 영원하지 않아 끊임없이 흐르고 변하여 없어질 존재.
무색성향미촉법(無色聲香味觸法).
내 몸 밖의 모든 대상(對象) 환경, 우리가 추구하는 것들도 다 무상하여 영원하지 않아 끊임없이 변하고 인연이 다하면 멸한다.
무안계(無眼界) 내지 무의식계(無意識界).
우리의 몸을 비롯한 마음의 의식 또한 영원하지 않아 변하고 흘러간다. 그러므로 세상을 살아가면서 내 마음에 집착하여 얽매이지 말고 인정을 알고 진실을 알아 흘려버릴 줄도 알아야 한다는 뜻이다.

그래야 나도 편하고 내 제8식 곧 아뢰야식에 저장되는 업의 씨앗도 적어질 것이다. 대신 참회와 불법수행으로 채우는 것이 바람직하다.

102

천계(天界)의 생활.
죽으면 깜깜한 방에 갇힌다고 한다.
살아 있었을 때에 익숙했던 일·습관·행위에 따라 그쪽으로 밝은 빛이 비쳐서 따라가면 무명의 옅고 깊음, 선업(善業)의 많고 적음에 따라서 해당되는 곳에 태어난다고 한다.
10선업(善業)을 지으면 천계에 태어난다고 한다.
10선업은 살생을 하지 않고(不殺生)
도둑질을 하지 않고(不偸盜)
음란한 짓을 하지 않고(不淫行)
허망한 거짓말을 하지 않는다(不妄語)
교묘하게 꾸민 진실하지 않은 말을 하지 않는다(不綺語)
험한 말을 하지 않는다(不惡口)
한 입으로 두말 하지 않는다(不兩舌)
탐욕을 부리지 않는다(不貪欲)
화를 내거나 성질을 부리지 않는다(不瞋恚)
삿된 견해 잘못된 생각을 버리고 바른 견해를 지니는(不邪見)
10가지 선한 업을 이르는 말이다.
천계의 생활은 어떨까. 사방이 80리나 되는 집에 살면서도 집이 좁다고 할 만큼 큰집에 산다고 한다.
옷은 삼씨 세 톨 무게 밖에 안 되는 가벼운 옷을 입고 산다고 한다. 우리도 비싸고 좋은 옷일수록 가볍지 않나?
우리는 음식을 만들고 차려 놓고 먹어야 배가 부른데 천계에서는 생각만으로 음식이 입에 들어와 단맛이 가득해진다고 한다.
착한 업을 지어 천계에 나면 이렇게 좋긴 하지만 여기서도 수명이 다하면 역시 윤회하게 되고 너무 즐겁고 안락해서 도 닦을 마음을 내기 어려운 것이 흠이라면 흠이다.

천계의 수명은 얼마나 될까?

욕계에는 6천(天)이 있는데 가장 높은 곳부터 타화자재천(他化自在天)은 1만 6천세, 화락천(化樂天)은 8천세, 도솔천(兜率天)은 2천세, 야마천(夜摩天)은 2천세 그리고 도리천(忉利天)과 사왕천(四王天)은 1,000세부터 250세 사이다.

103

번뇌에는 근본번뇌와 수(隨)번뇌가 있다. 수번뇌를 지말(枝末)번뇌라고도 한다.

1. 근본번뇌 : 탐(貪)·진(瞋)·치(痴)·만(慢)·의(疑)·악견(惡見)에서 나오는 6가지 번뇌를 말한다. 이것이 온갖 번뇌의 근원이 되므로 근본번뇌라 한다.

   탐 : 3살 이전의 아이도 번뇌를 갖고 태어나기에 돈이나 중요한 것을 쥐어주면 꽉 움켜잡는 것이다.

   진 : 3살 이전 아이도 마음에 안 맞으면 화낸다.

   치 : 고집부리고 어리석은 행위를 한다.

   만 : 3살 이전 아이도 미우면 싫다고 운다. 이것은 과거부터 〈내가 제일〉이라는 아만의 번뇌를 갖고 태어났기 때문이다.

   의 : 자주 보지 못했던 사람, 익숙하지 않은 일에 의심을 한다.

2. 수(隨)번뇌 또는 지말번뇌 : 분(忿. 성·화) 한(恨)·복(覆. 지은 죄를 감추려는 마음) 등 근본번뇌에서 유출되는 20가지 번뇌를 말한다.

이와 같은 근본번뇌와 거기에서 파생된 지말번뇌로 인해서 선업은 물론 악업을 짓게 되고 그것이 씨앗이 되어 또 윤회하게 된다. 이를 알고 근본번뇌부터 줄여가는 것이 중요하다.

104

사찰에서는 오신채(五辛菜)⁴⁾를 금한다. 파 · 마늘 · 달래 · 부추 · 흥거(興渠) 등 맵고 냄새가 강한 채소들인데 이것이 사람의 마음을 어지럽게 한단다. 먹는 것이 사람의 마음과 생각에 미치는 영향이 크기 때문이다.
요즘 아이들 100명을 상대로 실험을 한 결과 10명은 비만이고 16명은 시력이 안 좋았고 고도비만이 염려되는 아이들도 많았다고 한다.
요즘 학교폭력이 심각해져서 걱정되는데 이는 패스트푸드에 길들여진 아이들의 성향이 바뀌었기 때문이 아닐까.
먹는 것이 수행자나 일반 사람들 마음에 영향을 끼치는 것이다.

105

소 키우는 사람이 다른 우유보다 좋고 비싼 우유를 생산하리라 마음 먹고 소에게 인삼 약초 등을 먹였다. 그런데 이게 웬일일까. 소가 비쩍 마르고 우유가 아닌 고름이 나오지 않는가.
이를 보신 부처님이 그 사람에게 「소에게 풀을 주고 우유로 치즈를 만들라」고 일러주시었다.
그렇다. 우리도 분수에 맞고 몸에 맞추어 음식을 먹어야지 몸에 좋은 음식이라고 마구 먹는다고 꼭 이로운 것이 아니다.

---

4) 오신채 : 경에 따라 조금씩 다르다. 파 · 마늘 · 달래 · 부추 · 흥거. 흥거 대신 생강 · 교자 · 영교 등을 꼽기도 한다. 흥거는 우리 나라나 중국에서는 나지 않는다. 희고 마늘냄새가 나는 식물.

106

무상하고 허망한 곳에 몸뚱이 받아 태어나서 얻기도 어렵고 또 지키기도 어려운 재물·명예 등 무상한 것들 때문에 상처를 입으면서 무량겁을 살고 있다.

앞으로도 우리는 이 무상 속에서 계속 살아야 할 어리석고 가련한 존재인데 영원한 길인 부처님 법을 찾았으니 그러한 무상한 것들에 속지 말고 불법 속에 깊은 인연이 있음 알아야 한다.

불나방이 불빛 보고 달려 들었다 타 죽듯이 우리는 탐진치 오욕락을 따르느라 무서운 업을 짓고 죄업에 얽혀 삼악도에 떨어질 찰나에 다행하게도 불법을 만나 삼독에 빠지지 않고 공부하는 것이다. 우리가 잠깐 동안만 수행하고 기도해도 그 공덕은 큰 것이다.

지나친 탐욕 버리고 분수에 맞게 구하면 살길이 있다.

잘살고 못사는 것은 과거에 때로는 선행을 했거나 때로는 악행을 한 과보다. 그 과보에 따라 선악의 파도에 휩쓸려 살고 있는 것이다.

초년 중년에는 어렵다가 말년에 잘살거나 초년 중년에 잘살다가 말년에 어렵기도 한다. 역술가는 사주팔자라고 하지만 전적으로 믿을 것도 무시할 것도 못되지만 설사 사주에 부정적인 면이 있다 해도 그것을 극복하고 올바르게 노력하면 죽 먹을 사람이 밥 먹고 밥 먹을 사람이 더 좋은 것을 먹을 수도 있는 것이다.

물은 달빛이 있어야 맑음을 알 수 있듯이 사람은 어려움을 만나야 자기 그릇을 알 수 있다. 부자가 되어 봐야 인간성을 알 수 있고, 어려워 봐야 끈기를 알 수 있는 것이다.

사람이 너무 좋은 환경 속에서만 살면 조금만 어려워도 감내하지 못하지만 어려운 사정을 잘 알면 좋은 일을 할 수 있는 것이다.

107

영화 속의 주인공과 조연은 등장하는 시간과 횟수에 차이가 있다.
주인공은 어떤 난관도 꿋꿋이 이겨내고 살아 남아 희망을 주고, 조연은 나쁜 짓만 하다 먼저 스크린에서 사라진다.
임제선사는 〈수처작주 입처개진〉이라고 했다.
가는 곳마다 참된 주인공이 되고, 네가 서 있는 곳이 바로 참된 진리의 자리임을 알라는 말이다.
영화 속 주인공처럼 난관을 헤치고 참된 주인공으로 사는 것은 누가 만들어 주는 것이 아니고 내가 노력해야 되는 것이다. 당당한 주인공이 되기 위해 노력해 보자.

108

선을 생각하면 선업이요, 악을 생각하면 악업이다.
한 생각에 극락도 되고 지옥도 된다. 그러나 한 생각도 일으키지 않으면 선업도 악업도 없고 극락과 지옥도 없는 것이다. 극락과 지옥이 멀리에 있는 것이 아니고 내 마음이 한 생각 지으면 바로 극락이고 지옥인 것이다.
집착하고 욕심내고 안달하면 어디에 머물든 지옥이고, 내 마음이 고요하면 있는 곳이 어디든 극락인 것이다.
극락과 지옥의 선택은 온전히 나의 한 생각에 달려 있는 것이다.
라훌라가 공양에 초대를 받아 갔다 오더니 화가 나 있었다. 그래서 부처님이 물으시었다. 「왜 그러느냐? 맛있게 먹지 않았느냐?」
그러자 라훌라가 「비구들에게는 부드러운 음식을 주고 사미에게는 거친 음식을 주어서 먹지 않았습니다」 하고 대답했다.
부처님께서 「수행인이 부드러운 음식을 좋아하는 것은 탐욕만 키울 뿐 유익한 일이 아니다. 탁발로 얻은 거친 음식도 마다하지 않아야 한다」고 하셨다.

그러시면서도 부처님은 마음이 편치 않으셨다. 그래서 사리불에게 「공양은 잘 대접 받았느냐?」라고 물으시자 이를 눈치 챈 사리불이 먹은 음식을 다 토해내고 다시는 공양 초대에 응하지 않았다고 한다.

『평등공양 등차보시』란 말이 있다. 공양은 평등하게 대접하고 보시는 차등을 두어도 괜찮다는 말이다.

공양에 사미와 비구의 차이를 두는 것은 부처님도 꺼려하시었다. 공양은 골고루 평등하게 해야 한다.

109

한 도둑이 절에 황금 불족적(佛足蹟)이 있다는 말을 듣고 이를 훔치려고 일부러 출가하여 승려가 되었다.

신임을 얻으려고 남보다 더 열심히 수행을 하다 보니 수행력이 차게 되자 한 5년 있다가 훔쳐도 되겠지 하고는 더욱 열심히 수행을 했다.

그러자 그 스님이 법문을 하면 모두가 감동했다.

그후 얼마 안 되어 그 절의 주지가 되었고 불족적 훔치려는 마음을 포기했다고 한다.

부처님의 가르침은 훌륭하기에 거짓으로라도 열심히 믿고 따르다 보면 감화가 되어 귀의하게 된다고 한다.

110

일년 내내 농부를 괴롭혔던 풀들이 시들고 말라버렸다. 한 생을 마친 마른 풀들을 보며 생의 무상, 태어남이 있으면 사라짐이 있음을 새삼 느끼게 된다.
「죽음이 찾아오면 그대를 따르는 것은 아무것도 없소. 오직 선업과 악업이 그대와 함께 하리라」
내가 지은 업만이 나를 따른다. 누구든 죽음을 피할 수는 없다. 그러나 죽음을 잘 맞이하려고 노력할 수는 있다. 부디 아름답고 따뜻하게 사랑하며 살자.

111

삼법인(三法印).
불교 교리의 특징을 상징하는 3가지의 표(印).
1. 제행무상인(諸行無常印).
　모든 것은 덧없다(無常). 이 세상에 모습(形態)을 지니고 있는 것들은 시간(세월)이 흐르면 변한다. 변하지 않고 영원히 연속되는 것은 없다. 이를 제행무상인이라고 한다.
　제행이란 조성된 것을 말한다. 다시 말하자면 인과 연에 의해 존재하는 것들 곧 현상으로 드러난 모든 것을 말한다. 따라서 인간과 그 인간들이 이루어 놓은 모든 것을 제행이라 한다. 이를 유위법(有爲法)이라고 한다.
　제행무상이라면 허무하고 모든 것을 부정적으로만 보는데 자신과 현재의 환경에 너무 집착할 필요가 없다는 것이다.
　인간의 수명·권세·명예·재산 등이 모두 영원하지 않다. 이런 것들이 덧없다는 것을 우리는 보지 않는가?

① 무상의 종류

무상에는 찰나(刹那)와 일기(一期)무상이 있다.

우리 몸의 세포가 생겼다 스러지듯이 순간순간마다 〈생주이멸〉하는 것을 찰나무상이라 하고 한 기간 동안에 〈생주이멸〉하는 무상 곧 인간이 일생을 통해 〈생로병사〉의 4가지 모습(四相)을 보이는 것과 같은 무상을 일기무상이라 한다. 또 사람의 일생을 일기라고 한다.

② 인간의 몸

생로병사 곧 〈생주이멸〉을 겪는다. 이 4가지 모습을 사상(四相)이라고 한다.

③ 인간의 마음

인간의 마음 역시 〈생주이별〉의 사상(四相)을 겪는다.

④ 세계(환경)

우리가 살고 있는 이 세상 곧 세계 역시 어느 것 하나 무상하지 않은 것이 없다.

따라서 나와 세상 등 모든 조건이나 환경에 너무 얽매이거나 집착하여 허송세월 하거나 악업을 짓지 말아야 한다.

2. 제법무아인(諸法無我印).

앞에서 말한 〈제행〉은 유위법이고 여기서 말하는 제법은 〈무위법〉(無爲法)이다. 이 모든 유위·무위의 법(현상)에는 〈실체가 있는 아(我)는 하나도 없다〉는 것을 일러 제법무아인이라고 한다.

3. 열반적정인(涅槃寂靜印).

열반은 생사(生死) 등 일체의 괴로움(苦)를 다 초월(滅)했기 때문에 무위적정(無爲寂靜)하다고 한다. 이것이 열반적정인이다.

112

『일체유위법(一切有爲法) 여몽환포영(如夢幻泡影)
 여로역여전(如露亦如電) 응작여시관(應作如是觀)』
금강경 제32 응화비진분(應化非眞分)에 나오는 게송이다.
모든 함이 있는 법(有爲法)은 꿈·환상·물거품·그림자·이슬·번갯불 같이 잠깐 존재하는 등 영원하지 않음을 알아 항상 이와 같이 관하라.
유위법 : 조건이 있어 생겼다 조건이 사라지면 없어지는 우리 세상 만물 삼라만상이 유위법이다.
우리 몸은 〈생로병사〉 태어나서 머물다 병들다 죽는다.
우주도 〈성주괴공〉(成住壞空) 나타났다 마침내는 무너지고 사라진다.
마음은 〈생주이멸〉(生住異滅) 생겼다 사라지기를 거듭한다.
계절도 〈춘하추동〉 끊임없이 변화한다.
인연 따라 생겼다가 인연이 다하면 사라지는 것들.
  ① 꿈 : 꿈 속에서는 실제인 것 같으나 깨면 실제가 아닌 허망한 것.
  ② 환(幻像. 꼭두각시) : 잘못 본 것이지 실체가 있는 것이 아니다.
  ③ 거품 : 물에 충격을 가하면 거품이 생기나 삽시간에 꺼져서 사라진다.
  ④ 그림자 : 물체에 빛을 비추면 반대편에 그림자가 생기지만 빛이 사라지면 그림자는 자취도 없어진다.
  ⑤ 이슬 : 바람이 불거나 햇빛이 비추면 사라지는 물방울일 뿐.
  ⑥ 번갯불 : 번쩍하여 보면 벌써 사라지고 없는 순간의 현상.
우리의 몸도 마음도 세상만물도 인연 따라 머물다 인연이 다하면 사라지는 허망한 것이다.
명예·권력·재산 등 오욕락도 마찬가지다. 얻기 어렵고 어쩌다 얻으면 세상이 온통 나를 위해 존재하는 것 같이 행복하지만 지키기가 어렵다.
오래 머물지 않기에 유위법은 우리의 몸과 목숨을 다 바칠만한 것이 못 된다. 몸도 마음도 사랑하는 사람도 좋은 물건도 원망도 미움도 허망하고 변하는 것이기에 영원한 것이 아니다.

113

부처님이 마갈라국에서 교진여 등 다섯 비구들과 고행할 때는 「고행을 극복해야 도를 이룬다」고 생각했었다. 그러나 도는 「몸의 고행만으로 이루어지는 것이 아니고 건강한 몸에 맑은 정신으로 수행을 해야 도를 이룰 것」이라는 생각을 하게 되어 네란자나강에서 목욕을 하시었다.
그때 마침 지나가던 수자타가 비쩍 마른 수행자를 보고 나무신에게 공양하려던 유미죽을 공양하자 잡수시고 기운을 차리시고 한 보리수 아래에 길상초를 깔고 앉으셨다.
그러자 교진여 등 다섯 비구는 「싯달태자가 타락했으니 도를 이루기는 틀렸다」면서 태자를 버리고 녹야원으로 떠났다.
부처님은 보리수 아래에서 이레되는 날 새벽에 샛별을 보시고 확철대오 크게 깨치시고 붓다(깨달은 이)가 되시었다.
부처님이 고행만 고집하셨으면 아마 도는 깨닫지도 못하고 한 줌의 흙이 되셨을 것이다.
부처님은 깨닫고 나서 제일 먼저 교진여 등 다섯 비구가 고행을 하고 있는 녹야원으로 가시었다.
부처님께서는 「지나치게 안락을 추구하는 쾌락도 바른 생활이 아니지만 지나치게 육신을 학대하는 고행도 바른 도가 아니다」라고 〈중도〉를 설하시고 〈고·집·멸·도 사성제〉를 순서대로 설하니

두 사람이 먼저 깨닫고 아라한이 되었고 다른 세 사람도 뒤를 이어 사성제의 도리를 깨닫고 아라한이 되었다.

세상살이도 이와 같다. 의식주에 지나치게 검소한 것도 바른 생활이 아니고 또 너무 사치하거나 기름지게 잘 먹는 것도 〈중도〉에서 벗어난 균형 잃은 생활이다. 기호(嗜好)가 그러니 어찌하겠나 하지만 당초 버릇 드리기에 달렸다.

자식들의 생활습관을 지혜롭게 관리하는 것도 부모의 의무다.

육체의 건강을 위해서는 섭생(攝生)이 중요하다. 적게 먹어 생긴 병은 고치기 쉽지만 많이 먹어 생긴 병은 아무도 못 고친다는 말이 있다. 병은 균형을 잃는 순간 생긴다.

많고 많은 인연 중 부모 자식의 인연이 가장 지중하다. 어머니가 어떤 생각을 하고 어떤 음식을 먹고 어떤 생활을 하느냐에 따라 자식들이 영향을 받게 된다.

선천적으로 심장이 약하다면 어머니의 건강이나 충격으로 고통받았거나 또는 심장병을 앓던 아이가 다시 태어났다고 미루어 볼 수 있다.

오장육부 어느 한 부분이 특별히 건강하거나 약해도 병이다. 조화가 될 때 건강한 것이다.

모든 것은 조화와 균형이 이루어질 때 완전하고 아름다운 것이다. 가장 조화로운 상태를 〈중도〉(中道)라 한다. 화두(話頭)를 들고 정진하는 데도 어디에 집중해 공부해 가느냐가 중요하다.

말뚝신심이 나서 이를 악물고 가행(加行)정진을 하기도 하는데 그 정신은 갸륵하지만 어리석게 공부하다가 상기병(上氣病)이 나면 가슴이 답답하고 머리가 아프게 된다.

그럴 땐 선지식을 찾아 바르게 정진을 하면 낫게 된다. 급한 생각을 버리고 정진하면 낫게 된다.

수행하는 사람 중에 태어날 때부터의 병이 있거나 조급하게 공부하다가 병을 얻고 장애가 생기는 경우가 더러 있다.
「여래에게 공양하고 싶거든 병든 비구를 공양하라」고 말씀하신다. 병든 비구는 장차 성불할 사람이기에 낫게 해주어 성불하면 그를 낫게 해준 공덕이 크기 때문이다.

114

부처님은 우리 중생의 마음 속에 있다. 전각 사리 어느 것이 부처인가?

단하 천연선사가 낙동 혜림사에 갔을 때 그 절의 부처님이 영험이 있다 하여 많은 신도들이 모여들고 있었다.

천연선사가 안내를 받아 들어간 방이 추웠다. 그러자 단하선사가 법당에 모셔 놓은 목불을 가져다 도끼로 쪼개어 불을 때고 있었다. 이를 본 원주(院主)[5]가 깜짝 놀랐다.

그러자 단하선사가 말하기를 「석가여래의 몸에서 사리가 나왔다기에 이 부처도 사리가 있나 하고 태우고 있소」라고 하자 원주가 「나무 부처에 무슨 사리가 있소」 하고 나무라자 「사리도 없는 게 무슨 부처요」 하고 나머지 두 불상까지 태웠다.

부처님은 우리의 마음 속에 있고 마음 근기에 따라 부처가 되기도 하고 중생이 되기도 한다.

우리에겐 번뇌 망상, 이 생각 저 생각이 본래의 부처마음에 섞여 있다. 그래서 부처마음이 되기도 하고 중생마음이 되기도 하는 것이다.

우리 마음이 어디 있는지 찾아도 찾을 수 없으나 분명 마음 안에도 있고 마음 밖 어느 곳에도 있어 나타난다. 시공을 초월한다. 마

---

5) 院主 : 절의 살림살이를 맡는 소임.

음이 나에게 있다지만 찾기는 쉽지 않다.
마음 찾고 깨친 분이 부처이시다. 많은 부처와 중생이 있다. 우리가 여러가지로 수행하는 것은 부처가 되고 마음을 깨닫기 위해서다.
내 몸을 평생 이끌고 다니는 주인을 옳게 아는 것이 당연하다.
불교의 장점은 누구나 성불할 수 있다는 점이다.
누구나 간절한 서원으로 기도와 염불을 한다면 소원을 이루는 것이다.
부처님께서 우리에게 가르쳐 주신 것은 우리 모두가 부처라는 사실이다.
부처님께서 마음을 깨달아 부처가 되셨듯이 우리도 우리 안의 부처를 찾는 일이 우리 모두의 숙제다.

115

중국 당나라 때 120살을 살았던 조주스님.[6]
조주에게 「개도 불성이 있습니까?」하고 물으니 「무」라고 했다. 부처님께서는 준등함령(꿈틀꿈틀하는 벌레)에 이르기까지 불성이 있다고 하셨는데 왜 〈무〉라고 했는가. 〈이 뭣고〉 화두가 되는 것이다. 유명한 화두 〈조주무자〉(趙州無字)다. 많은 선승(禪僧)들이 화두로 삼는다.
하루는 먹을 것이 없어서 개를 삶아 공양 때 개고기를 주니까 대중들이 다 도망가 버리고 채공과 공양주만 남아 개고기를 먹고 공부해서 도를 이루었다.
하루는 조주스님과 시자가 이기는 것보다 지면 그 사람이 이기기

---

6) 조주스님 : 중국 임제종 남천(南泉)스님의 법제자(778~897).

로 하고 시자와 내기를 했다. 시자가 「스님이 먼저 말씀하십시오」 하니 「나는 한 마리 나귀다」라고 했다. 시자는 「말의 안장과 안장을 매는 끈입니다」라고 대답하자 조주가 「나는 나귀의 똥이다」라 했다. 시자는 「땅속에 있는 벌레입니다」 「그럼 그 속에서 무엇을 하느냐」 「그 속에서 과하(過夏. 여름안거 나기)를 합니다」 하니 조주가 「네가 이겼다」고 했다.

그러나 약속대로 이긴 것이 진 것이라 시자가 조주에게 호떡을 사다 받쳤다고 한다.

조주를 고불(古佛) 곧 옛 부처라고 한다. 그런데도 조주스님은 시자와 이런 내기를 하며 공부가 터지도록 독려했다.

지금 우리는 모두가 이기기 위해 사는데 조주스님처럼 지는 내기를 해보면 어떨까?

모두가 이기려 하기 때문에 각박해지고 세상이 지옥이 된다는 것을 아는 조주스님은 시자와 지는 내기를 한 것이다.

우리도 이기려고 하지 말고 지려고 하자. 부부·부모·자식·친구간에 저마다 이기려다 보니 싸움이 된다. 상대가 이기도록 도와주고 지려고 하면 세상이 좋아진다.

이기려는 생각이 나더라도 지려고 양보하고 상대가 이기게 해줘라. 「그래. 그대 말이 일리가 있다」고 하면 얼마나 좋은가? 「당신은 어떻게 그런 지혜로운 말을 합니까?」 하면 상대의 악심(惡心)이 사라지고 독사에게 꼬리치고 달려드는 강아지처럼 된다.

이기려고 하면 힘이 들고 패하기도 한다. 그러나 한 순간 상대를 인정하면 힘 안들이고 잘 살 수 있고 사랑 받고 존경 받고 사는 길이다.

산마루에 일어나는 구름처럼 끝없는 말을 다 하지만 끝내 하고자 하는 한 마디는 표현할 길이 없다. 「허공의 달은 내 달이요, 절벽 위의 누각도 내 것이요」 하고 국집하는, 바깥 세상의 모든 것이 내 것이라는 생각을 버리면 세상의 모든 것이 내 것이다. 천하가 다 내 것인 것이다.
참선수행으로 〈내 것〉〈나〉란 아상(我相)이 녹으면 전부가 나의 가족이요, 내 것이 된다.
〈내 것〉〈나〉라는 생각 때문에 싸우고 다투는 것이다. 서로 자기 생각이 옳다고 옥신각신하다 나라가 망하고 국민만 손해를 본다.
이념을 초월하고 대화하며 서로 도우며 살려는 마음이 되어야 하는데 그러려면 가정이 우선 편안하고 안정되어야 한다. 그런 사람들이 모여서 여유가 있고 평화로운 사회가 된다.
그러려면 자기와의 싸움에서 이겨야 한다. 자신을 이겨야 남에게 져 줄 수 있다.
자기와의 싸움에서 이겨야 넉넉한 아량으로 져주고 신사적으로 이기게 되는 것이다.

116

사람이 자라서 몸이 건강해지려면 운동으로 신체를 단련해야 한다. 이것은 공장 건물을 잘 짓는 것과 같다.
유치원부터 배우는 학문과 지식은 좋은 건물에 좋은 시설을 갖추는 것과 같다. 그러나 이 좋은 기계를 움직이는 기술자가 있어야 온전이 돌아갈 수 있는데 그런 인재를 키우지 못하고 있다.
또 학문과 지식을 쌓아도 마음이 바르지 못하거나 어질고 착하지 못하면 얼마든지 나쁜 짓을 하게 되고 결국은 자신도 망하게 된다.
건강과 지식도 쌓아야 하지만 중요한 것은 마음이 어질고 착해야 한다. 마음수행이 없으면 안 된다.
현대교육은 마음공부를 시키지 않는다. 마치 공장과 기계는 훌륭히 갖추어 놓고 기술자가 없는 것과 같다. 훌륭한 교육 시설을 갖추고도 인재를 못 키워 내는 것이다.

오늘의 교육은 교육을 위한 교육만을 하고 있다. 현대교육은 기계적인 학자나 박사만 키워내고 있다. 자기 욕심만 생각하지 남을 위하는 마음이 없다.

수단과 방법 가리지 않고 남이야 죽건 말건 나만 살려고 하니 조금도 행복해지지 않는다.

부처님께서 어떻게 살아야 행복하며 어떻게 노력해야 다 같이 복을 누리게 되는지 가르쳐 주셨다. 부처님의 가르침대로만 살면 올바르게 살 수 있고 다른 이에게도 덕이 될 수 있다.

세계의 최빈국인 네팔 사람들은 세계평화와 모든 이의 행복을 위해 기도한다고 한다. 그래서 그들은 가난하지만 행복하다고 한다. 행복은 물질의 크기와는 무관하다는 본보기이기도 하다.

우리의 몸뚱이는 부정하다. 피·오줌·똥·눈물·콧물·귀지 등이 가득하다.

감수(感受)작용은 괴로움이다. 눈으로 보고 귀로 듣고 시비 욕심이 생기는데 이를 만족시키지 못하니 괴롭다. 좋은 냄새가 나는데 마음껏 먹지 못하니 괴로워진다.

마음에 좋은 생각을 해야지 하다가도 시시때때로 변한다. 마음은 무상해서 시기하고 다투고 원망과 미움이 생긴다.

세상 모든 만물과 나를 네 가지로 관(觀)하는 사념처(四念處) 공부를 해야 한다.

① 우리의 몸은 부정하다(身不淨)--신념처(信念處)
② 우리가 받는 〈즐겁다. 괴롭다〉는 느낌은 다 괴로움이다--수념처(受念處).
③ 우리의 마음은 항상 변한다(心無常)--심념처(心念處).
④ 세상의 모든 것은 실체가 없다(萬法無我)--법념처(法念處).

부처님 당시에는 하루종일 이렇게 관하며 공부했다고 한다.

사량분별심은 중생심이기에 이런 마음으로 참선을 하면 아무리 해도 소용없다. 화두는 마음의 무명(無明)을 없애려는 것인데 무명의 소치인 사량분별심으로 참선을 한다면 깨달을 수 있겠는가?
몸뚱이가 〈나〉라고 생각한다. 그런데 육체는 진짜 〈나〉가 아니다. 몸뚱이에 달린 눈으로 보고 귀로 듣고 몸뚱이로 감각을 느끼고 생각으로 사랑하고 미워하는 분별심을 내는 이 몸뚱이를 〈나〉라고 착각하고 산다.
좋은 것 먹고 입고 성형수술 하고 껍데기에만 정성을 다한다. 껍데기를 치장해 봤자 나이 먹으면 별수 없는 늙은이가 되고 늙어 병들고 죽을 몸뚱이에 정성을 다하면서 참나인 마음은 왜 안 가꾸나.
몸은 엄마 뱃속에서 죽기도 하고 70~80되면 죽어 헌 옷을 벗고 새 옷을 입게 된다. 6도(六途)를 윤회하게 된다.
지은 업에 따라 태어나고 복이 다하면 다시 윤회에 떨어진다. 천상 극락이나 도솔천 내원궁에 가야 윤회에서 벗어난다.
좋은 일만 해서는 안되고 내 마음을 닦는 공부를 해야 한다.
염불·주력·독경을 다 합한 것과 같은 참선을 하면 마음으로 깨치고 견성(見性)해서 다시는 나고 죽지 않게 된다.
성내는 이 몸이 뭣고. 기뻐하는 이 몸이 뭣고. 이 몸을 끌고 다니는 밝게 빛나는(昭昭玲玲) 이 놈이 뭣고. 〈이 뭣고〉를 자꾸 찾자.
꿈 속에서 한 통의 쌀을 욕심 내다 만겁 동안 받을 복을 잃어버린다. 우리는 태어날 때 이마에 〈죽을 사〉(死)자를 달고 나온다.
진정 값어치 있는 공부로 마음을 다스리고 복을 짓고 나누는 삶을 살자.

117

하늘의 달은 하나지만 물이 있는 곳에는 달이 다 비치더라.
부처님께서는 한 분이지만 분신이 천백억 화신(化身)으로 나투신다. 지구도 부처님의 변신. 삼라만상 두두물물, 소·말·돼지·하루살이도 다 부처님의 분신이다.
옛 부모들은 우리의 아들 딸이 어떻게 하면 〈무병장수하고 복덕이 구족할까〉 그것만 기원했다.
대가족에서 핵가족이 되고 직장 따라 식구가 흩어지고 늙은 부모를 모실 수 없는 세태가 되었다.
노부부는 자식들을 위해 몸도 마음도 재물도 다 바쳐 뒷바라지를 했건만 손자 손녀는 으레 할머니·할아버지는 모시고 사는 것이 아닌 양 생각하고, 어쩌다 가도 정이 없으니 가까이 하지 않는다.
송담스님은 노인 보고 젊은이들의 처지를 생각하라고 하지 않고 「노인에게 잘하라」고만 하신다. 이유는 가실 날이 멀지 않은 노인에게 그것이 복 짓는 것이다. 자기들도 나이 들면 노인이 될 것이고 자식들도 엄마·아빠가 노인을 잘 모시어 복 짓는 것을 보아야 커서 엄마·아빠에게 효도하는 가풍이 이어지고 복 받는 집안이 될 것이다.
효도하면 노인이 좋은 곳에 가서 나고, 혹 사람으로 환생하면 그 집안과 좋은 인연이 된다.
원한 품고 가신 분은 좋은 곳에 나기도 어렵고 인간으로 와도 좋지 않은 인연 때문에 악연으로 엮이게 된다.
노인에게도 문제가 있다.
첫째.
잔소리를 안 해야 한다. 내 자식이니까 가르치려는 뜻으로 잔소리를 한다지만 젊은 사람들이 싫어하니 3번 할 것도 한 번하고 될 수 있으면 안하는게 좋다.

궁금하고 걱정이 많겠지만 묻지 말고 어지간하면 모른 척하고 마음으로만 잘 되기를 기도하라.

둘째.

며느리가 어딜 가더라도 묻지 말라. 갈 곳이 한두 군데가 아니니까. 갔다 와서 인사하면 그만이니 묻지 말라. 가끔 말을 하되 부담되지 않게 하고 비틀어서 말하지 말라.

노인이 젊을 때와 거리가 있더라도 〈우리 며느리만 한 애 없지. 내 복이지〉 하고 좋은 쪽으로 생각하자.

셋째.

노인이 되면 몸에서 나오는 냄새가 있어 악취가 나기도 하니 젊은 이들이 싫어한다. 자주 씻고 슬기롭게 대처해야 한다.

넷째.

자기 딸이 하는 것은 좋게 보이고 며느리가 하는 것은 거슬려도 며느리를 딸로 여겨라. 며느리도 시어머니를 어머니라고 마음을 바꿔라.

〈며느리가 어떻게 딸이 되나〉 하겠지만 자꾸 그리 생각하면 그렇게 된다.「내 아들과 한 몸이니 내 딸이다」 내 손자 손녀 낳아주었거늘 어찌 미울 수 있나?

집안 살림을 망하게도 하고 흥하게도 하는 것이 며느리 손에 달렸거늘 예쁘게 봐 주어라. 가는 정이 있어야 오는 정도 있는 법. 집안이 화목해야 복을 받는다.

노인 괄시하고 복 받는 이 없고 효성이 지극해서 복 받지 않는 이 없다. 노소가 화합하고 화목해야 집안이 잘 된다.

118

한 생각(一念) 중에는 900가지가 일었다 스러진다(生滅)고 한다. 한 생각이 났다 없어졌다 하는 동안에 얼마나 많은 업의 싹이 트겠는가?

그러니 한 번의 기도로 그 많은 업이 다 소멸 될수 있겠는가? 항상 기도하고 참회해야 한다.

죄의 싹이 트지 않고 8식(八識. 아뢰야식) 속에 심어진 싹을 없애고 지혜(보리)의 싹이 트게 하기 위해 우리는 염불·참선·주력·절·사경 등 여러 방법으로 수행을 한다.

우리는 한 생각으로 업을 짓고 그 업을 아뢰야식에 저장하면 그 죄업의 열매가 익어 또 쌓이고.

무량겁 동안 저장되는 죄업이 한량없다. 우리가 10분 동안 정해 놓고 아무 생각 안하리라 해도 더 여러 생각이 일어나는데 이는 우리 마음 속에 저장된 생각이 가득하기 때문이다.

세상의 창고는 물건을 채워 가득 차면 더 못 채우지만 마음의 창고인 아뢰야식은 채워도 채워도 차는 법이 없어서 그 많은 죄업의 종자가 쌓이게 된다. 종자가 생기지 않고 이미 일어난 생각들이 싹트지 않게 하려면 참선이 제일 좋은 방법이다.

누가 억울한 소리를 해서 성이 나면 〈성내는 놈이 무엇인고〉 하고 〈이 뭣고〉 하면 성나는 마음이 없어진다. 억지로 참으면 안 좋지만 부처님의 선법은 그래서 좋다.

그러나 성 난다고 하고 싶은 대로 다 성질을 내면 당장은 시원하겠지만 후회스럽고 업이 쌓인다. 그렇다고 억지로 참으면 병이 되니 우선 심호흡을 해라. 숨을 깊이 들이쉬고 내쉬면 병이 방지된다.

화두 드는 사람이 화두 놓치고 삼독을 일으키면 그 순간 지옥에 떨어진다. 이것을 돌려 다시 화두 찾아 챙기는 순간 극락이 된다.

119

스님이 걸망지고 가는데 11살 먹은 아이가 「상좌가 되겠으니 걸망을 주십시오」하고 걸망을 지고 앞서 가다가 산 고개를 넘더니 「저는 저 갈길로 가겠습니다」하고 가버렸다.
이상해서 부처님께 여쭈었다.
「무슨 과거 인연이 있기에 내 상좌가 된다고 했을까요?」
「네가 전생에 그 아이의 아비에게 짚신 한 켤레를 보시한 일이 있다. 그 아이가 걸망을 져다 준 것은 아비의 은혜를 갚은 것이다」라고 일러주시었다.
남을 이롭게 하면 꼭 그만큼의 보답을 받는다. 내가 해롭게 하면 해롭게 한 만큼 받는다.
옛적에 정승의 부인이 집을 나가 강원도에서 전혀 모르는 술장사와 살고 있는 것을 목격했다는 이야기가 있다.
전생에 한 스님이 몸에 하도 이가 끓어서 이를 잡아 개에게 준 인연으로 금생에 정승의 부인이 술장사에게 가게 된 것이다.
곧 전생의 스님은 현세에 정승이 되었고 이는 부인이 되어 전생의 개였던 술장사에게 간 것이다.
전생의 인연을 현세에 이렇게 주고받은 것이다. 정승부인이 자기도 모르게 집을 나가 술장사를 만났으니 이 모두가 인연의 소치인 것이다.
부부가 만나는 것도 자기 업인 것을 부모가 잘못 맺어 주었다고 탓한다. 부부의 업도 모두 전생에 내가 지은대로 금생에 받는 것이니 나에게 잘못하는 남편을 만났으면 금생에 잘해야 지은 업을 덜게 되는 것이다.
며느리도 전생에 내가 잘했으면 좋은 며느리가 들어오고 전생에 내가 업을 잘못 지었으면 못된 며느리가 들어오는 것이다. 불효하는 며느리라도 전생의 업이니 원망하지 말고 달게 받아 업을 소멸해야 한다.
부인이 함께 잘살다 도망가고 나가는 것도 전생의 인연이 그뿐이었거나 지금은 남편이고 부인이지만 전생엔 남편이 부인이었을 때 남편의 속을 썩이거나 집을 나갔거나 했기 때문에 금생에 바뀌어 태어나 그대로 갚는 것이다.

120

범음심원상(法音深遠相).
부처님의 32상(相) 중의 28번째 상. 〈부처의 음성은 성스럽고 청정해서 멀리서도 잘 들린다〉는 뜻이다.
화엄경에 나오는 선재동자는 백 열이나 되는 성을 지나면서 쉰 세 분의 선지식을 만나서 한량 없는 대도(大道)를 성취했는데 선재가 만난 선지식이 모두 도인만은 아니었다. 그 중에는 창녀·미치광이·기인(奇人)도 있었으나 그들의 행위나 하는 말을 법문으로 알고 귀담아 듣고 깨달아갔다.
배우는 사람은 눈에 보이는 외모로 선지식을 삼지 마라. 금강경에 〈상이나 음성으로 나를 보면 삿된 도를 행하는 것〉이라고 했다.
부처님은 거룩하고 위대해서 존경한다. 부처님은 원음(遠音)이라 모든 중생이 다 자기말로 알아들을 수 있는 음성으로 법을 설하신다.
법에 의지하여 혼자의 힘으로 도를 닦을지언정 겉으로 보고 또는 소문으로 듣고 큰스님인줄 알았는데 〈알고 보니 아니네〉 하는 마음으로 수행하면 안 된다.
사마외도(邪魔外道)가 선지식일 수도 있는데 이 외도가 바로 선지식의 화현(化現)인 것이다. 바른 소견과 신심이 있어야 바른 선지식의 화현(化現)을 볼 수 있다.

하근기(下根機)는 깨치고 나면 울고, 중(中)근기는 춤을 추고, 상(上)근기는 오히려 담담하다고 한다.
깨달음이 이렇게 가까이에 있었는데 그것을 모르고 못깨쳤나 해서 하근기는 울지 않고는 못배기고, 중근기는 그렇게 그다지 어렵지 않게 수월하게 깨달았기에 기쁘기보다는 기가 막혀서 춤을 추고, 상근기는 울 일도 없고 춤을 출 일도 아니라서 그저 담담할 뿐이라는 것이다.

121

삼라만상은 곧 사람 · 해 · 달 · 별 그리고 지구 안의 모든 것이 다 본래는 부처라고 한다(本來成佛).
그런데 왜 생겨나서 찰나 찰나 변하다가 죽어 없어지나. 〈본래는 생사가 없는 본래성불〉이라고 알기만 했지 깨닫지 못했기 때문이다.
우리는 가죽주머니에 피고름 가득 채우고 있는 터에 겉만 단장하고 보물처럼 아낀다. 행여라도 누가 예쁘다고 하면 좋아서 못 견디고 누가 밉다고 하면 기분이 상해서 울고 불고 야단이다.
어쩌다가 가죽주머니에 구멍이 나서 피고름이 나오고 뼈가 불거져 나오면 혼비백산한다.
젊고 건강할 때는 좋았지만 나이 먹고 병들면 죽음을 맞아야 하는 덧없는 몸이거늘 마음을 닦을 생각은 하지 않고 무상한 몸뚱아리만 가꾼다.
우리의 몸은 땀 · 오줌 · 피고름을 담고 있는 가죽주머니다. 그런데 말도 하고 먹고 자고 외국에도 가고 오고 한다. 신기하고 묘하고 신통자재(神通自在)한 가죽주머니다.
이런 신통자재한 보물은 찾지 않고 땀 · 오줌 든 가죽만 좋아한다. 배 안에 참 보배가 있다는 것을 알면 가죽주머니는 두 번 다시 거를 떠 보지도 않을 것이다.

광산 속의 광맥을 찾아서 캐낸 광석 속의 금을 추려내는 것이 금광이다. 광맥을 잘 아는 이는 금이 들어있는 광맥을 따라 지하로 파고 들어가 금을 캐내듯이 우리의 몸뚱이가 광산이고 육근(六根)을 통해 울고 웃고 성내는 중생심 망상이 광석이다. 그 광석 속에서 금을 추려 내듯이 번뇌망상 속에서 금보다 귀중한 보물인 〈신통자재한 참마음〉을 찾기 위해 수행을 하는 것이다.

광물 속의 금은 아무리 많아도 물질이어서 언젠가는 나를 떠난다. 곱게 떠나지 않고 상처를 주고 떠난다. 그것 얻으려고 온갖 짓을 다해서 금을 긁어 모은다. 그러나 뜻대로 되지 않으면 패가망신한다. 그런 것을 차지하려고 애쓰면서 나 자신의 참다운 보물, 찾기만 하면 영원히 떠나지 않는 보물을 찾는 데는 왜 그리 인색한가. 누구나 가지고 있는 〈참나〉. 영원히 행복을 누리게 해줄 〈참나〉를 찾는 것이 참선이다.

122

〈기생의 절개〉〈날씨 맑음〉〈노인의 건강〉. 이런 것들은 못 믿는다는 말이 있다. 그 뿐인가. 〈젊음〉도 죽음 앞에 장담 못한다.

부처님께서 제자들에게 물으셨다. 「죽음이 어디 있느냐?」 그러자 한 제자가 「하루 동안도 믿을 수 없습니다」 하고 대답했다.

부처님께서 「틀렸다」고 하시자 또 다른 제자가 아뢰었다. 「한나절 동안도 믿을 수 없습니다」 하고 대답했다. 부처님께서는 또 「틀렸다」고 하시었다.

또 다른 제자가 아뢰었다. 「밥 한 숟갈 먹는 동안도 믿을 수가 없습니다」 부처님께서 또 「틀렸다」고 하시자 다른 제자가 아뢰었다. 「숨 한번 들이 쉬고 내쉬지 못하면 죽음입니다」 부처님께서 그제서야 「맞다. 너는 도를 닦을 수가 있겠구나」라고 하시었다.
우리의 목숨은 숨 한번 쉬고 못 쉬는데 달렸다. 그렇게 덧없는 존재다.

123

한 스님이 「어떤 것이 불법입니까」 하고 물었다. 「봄날 닭 우는 소리니라」. 봄날 닭 우는 소리를 알면 깨닫는다는 것이다.
그 닭 우는 소리를 누가 들었나? 내가 내 귀로 들었나? 나는 무엇으로 봄날 닭 우는 소리를 들었나? 이렇게 자신의 근원을 다그쳐 깨달아가는 것이다.
선 수행을 하는 이들이 모두 〈무엇이 부처인가〉 하고 묻는다. 그 답이 무려 1천 7백여 가지나 된다. 이처럼 화두는 각양각색이다. 이런 화두는 말이나 이치로 따지거나 도리로 알려면 절대 알 수 없는 것이다.
태양을 우리는 〈해〉라고 하고 일본인들은 〈다이요〉라 하고 미국인들은 〈썬〉이라고 한다. 말이 다르다고 태양의 근본이 달라지는 것은 아니다.
태양은 그냥 그 태양이다. 모든 것에 이름을 붙이는 데서 만가지 번뇌와 시비가 생기는 것이다.
선사들이 〈무엇이 불교인가〉라고 물었듯이 우리도 끊임없이 물어야 한다.
〈무엇이 불교인가?〉라고 묻듯이 〈무엇이 정치인가〉 〈무엇이 경제인가〉 하고 물어보자. 오늘의 어려움이 극복될 것이다.
보고 듣는 것이 아니라 실상과 내면을 들여다보는 것이 중요하다. 지금의 어려움도 본질을 뚫어봐야 헤쳐나갈 수 있다는 말이다.
항상 〈무엇이 본질인가? 문제인가?〉 하고 성찰(省察)하며 살자.

124

사람들에게 변했다는 말을 듣는 사람이 있다. 예전 같지 않다는 말이다.
사람들은 자기가 뭔가를 이루었을 때 남들도 다 괜찮을 거라고 여겨 배려하는 마음이 적어진다. 오히려 힘들 때는 어려운 사람을 보듬기도 한다.
생각해 보면 내 성공과 성취는 나 혼자만의 공이 아니다. 곁에서 나를 도와준 여러 사람의 공덕과 기도 덕인 것이다.
내 사정이 좋을 때 곁의 사람들을 돌봐주는 사람이 바로 한결같고 따뜻한 사람인 것이다.
고난이 크면 클수록 그 속에서 성취한 명예가 더 크게 빛난다.
가난한 아프리카의 가나에서 태어난 코피아난은 어렸을 때 야구장에서 일했다.
그때 감독에게「야구공은 왜 저렇게 멀리 날아가나요?」하고 물었다. 그러자「야구공을 꿰맨 많은 실밥 때문에 멀리 날아간다」고 했다.
그때부터 코피아난은 자기 앞에 다가오는 고난을 실로 꿰맨 자국이라 생각하고 힘들 때마다 야구공의 실밥을 생각하며「나는 꼭 멀리 날아갈 것」이라고 다짐하며 꿈을 키웠다고 한다.
지금은 힘들어도 성장하는 기회로 삼아 꿈을 이루는 기틀을 다진다고 생각하며 한결같이 노력하자.

125

우리나라 인구의 51%가 종교를 가지고 있다고 한다. 이처럼 많은 사람들이 자비와 사랑, 보시와 헌신 등 종교가 가르치는 대로 실천하고 바르게 산다면 이 세상 그리고 우리나라가 말 그대로 극락이고 천당이 되고도 남을 것이다.

그런데 어찌된 일인지 범죄는 날로 늘고 기본적인 생활도 제대로 못해서 고통 받는 이들이 좀처럼 줄지 않고 도리어 늘어나는 추세고 사회갈등은 더욱 심각해지고 있다.

〈유마경〉에 중생의 국토가 바로 불국토라고 했다. 불국토는 중생들이 어떻게 사느냐에 달렸다. 부처님 가르침 대로 바르게 사느냐 그렇지 않으냐에 따라 이 땅이 그대로 불국토가 되기도 하고 고통 받는 지옥이 되기도 한다는 것이다.

겨울이 가고 봄이 오면 새싹이 움트고 꽃이 핀다. 여름이 되면 모든 생물들이 활기차게 자라서 가을에 열매를 맺고……. 겨울을 맞는다. 춘하추동 변화하는 4계절은 우리 인생살이와 같다.

우리 인생도 자연과 마찬가지로 매 순간마다 최선을 다해 살아야 한다. 그런데 요즘은 너무 쉽게만 살려고 한다.

자연은 풍요롭고 평화롭고 그리고 아름답다. 그러나 그 속에서 달맞이꽃이 피지 않으면 나방이 산란을 하지 못한다. 서로 도와야 살아갈 수 있다는 말이다.

바퀴벌레는 하수구의 오물을 다 먹어 치운다. 그러기에 하찮고 혐오스러운 해충이지만 그냥 잡아 없애기엔 그 나름대로의 존재가치가 있는 것이다. 〈화엄경〉에 중중제망(重重帝網)이라고 했다. 이 세상의 모든 존재는 한 그물과 같아서 어느 한쪽이 흔들리면 저 먼 쪽도 흔들린다는 것이다. 곧 서로 영향을 주고 받으며 이리저리 얽히어 살아간다는 것이다. 독불장군은 없다는 것이다.

그래서 이 세상의 모든 존재는 다 각각 존엄한 것이다.
보살의 불국토는 바로 고통 받는 중생이 있는 곳이다. 고통 받는 중생이 없다면 보살의 불국토는 아무 의미가 없는 땅이다.
부처님의 가르침 대로 바르게 살자. 내가 바르게 살면 내 이웃이 평화롭게 살 수 있게 되고 그것이 바로 불국토로 나아가는 지름길이다.

126

이제 막 태어나다가 또는 10살쯤 살다가 혹은 70년이고 80년을 살다가 인간은 어차피 다 죽는다.
모든 사람은 사형언도가 내려졌으나 다만 그 집행날짜를 모르고 있을 뿐이다. 그런데도 우리는 누가 죽었다는 말을 듣고도 「나는 아직 멀었겠지」하고 생각하며 산다.
밤낮 없이 염불·기도·참선 등 24시간 동안 다 수행해도 부족할 텐데 말이다.
우리는 탐진치의 3독심과 오욕락(五欲樂) 때문에 생사윤회를 하는 것이고 어리석은 마음에 한 생각 잘못해서 많은 죄를 짓게 되는 것이다.
마음에 온갖 생각이 일어났다 없어졌다 하는 만큼 선업 악업을 짓게 되는 것이다.
선업도 업이다. 이 역시 윤회의 원인이 된다. 선도 악도 짓지 말라. 악은 더더욱 행하지 말아야 한다.
무심(無心)만이 생사에서 벗어나는 길이다. 그래서 선사들은 〈무심공부는 오직 참선〉만이 유일한 길이며 윤회에서 벗어나는 최상의 수행이라고 했다.
부처님 말씀에 〈불쌍한 이에게 공양한 공덕보다 벽지불에게 공양한 공덕이 크고 벽지불에게 공양하는 것보다는 부처님께 공양하는 공덕이 더 크다〉고 하시었고 또 〈부처에게 공양하는 것보다 참선 수행하는 공덕이 더 크다〉고 하시었다.

127

한 스님이 토굴에서 혼자 살고 있었다. 어느 날 해가 저물었는데 나물을 캐러 온 여인이 하룻밤 재워달라고 해서 재워주었다.
그런데 밤새 눈이 많이 내려서 밖으로 나갈 수가 없었다. 어쩔 수 없이 그 여인과 같이 지내게 되었는데 방이 좁아서 누워 잘 수가 없었다.
하는 수 없이 여인에게 「이것도 인연이니 〈이 뭣고〉를 해보라」고 했다. 둘이 하면서 스님이 졸면 보살이 때려 깨워 주고 보살이 졸면 스님이 때려서 깨워주기로 했다.
스님은 밤새 앉아 있어도 끄덕 없었다. 처음엔 보살이 많이 맞아서 머리에 알밤이 많이 생겼다.
보름쯤 맞던 보살이 잠을 안 자고 오히려 스님을 깨워주게 되었다. 한 달 두 달 석 달이 지나 해제 때가 되어도 눈이 퍼부어 밖에 나갈 수가 없었다.
그 이듬해 3월이 되어서야 눈이 녹아 여인이 떠나게 되었다. 그동안 스님은 여인에게 맞지 않으려고 용맹정진한 덕에 확철대오 크게 깨쳤다.
여인이 떠나게 되자 스님이 「당신은 대체 누구시오?」 하고 여인에게 묻자 그 여인이 「관음을 보았다고 말하지 마시오」 하고 연기처럼 사라졌다.
산속에서 혼자 정진하는 스님 앞에 관음보살이 화현(化現)해서 공부를 시켜 준 것이다.
우리가 만나는 무수한 인연 가운데 특히 나를 거슬러 아프게 해 주는 사람 중에 관음의 화현이 많다고 했다. 공부시켜 주려고 하는 그런 분의 가피를 입으려면 온전히 지혜의 눈이 밝아야 할 것이다. 깨달으려는 마음만 있으면 역경 속에서도 〈사바세계야말로 진정한 수도도량〉이라고 생각하며 정진할 것이다.

남편·아내·자식이 관음의 화현일 수도 있다. 열심히 공부해서 〈한 소식〉 얻으면 그들을 교화시켜야 한다.

비바람도 치고 햇빛도 쬐어야 농사가 잘된다. 햇빛만 있어도 안 된다.

실천할 자세만 되어있다면 병도 화도 속상한 일도 문제가 안되고 더 정진한다면 이런 것들이 오히려 스승이고 공부를 잘하게 해주는 자양인 것이다.

128

앙굴리마라. 한자로는 지만외도(指蔓外道)라고 한다.
사람을 죽여 그 손가락으로 목걸이를 만들어 목에 걸고 다닌 살인마의 이름이다.

본래는 한 바라문의 충직한 제자였다. 그 바라문이 외국으로 출타한 동안에 평소부터 앙굴리마라를 마음에 두고 있던 바라문의 아내가 유혹을 했다.

그러자 충직한 그는 「어찌 사부님의 부인을……」하고 뿌리치자 뜻을 이루지 못해 앙심을 품은 부인은 자기 옷을 스스로 찢고 머리를 산발하고 돌아온 남편에게 울면서 「평소에 그토록 앙굴리마라를 위해 주더니, 이 꼴을 보세요」하고 도리어 모함을 했다.

격분한 바라문은 앙갚음으로 「너는 이제 도가 익었으니 마지막으로 100사람을 죽여 그 손가락으로 목걸이를 만들어 오라」고 했다. 그러면 도를 통달할 것이라고 했다.

스승의 지엄한 분부와 살인을 해야 한다는 죄책감으로 갈등한 앙굴리마라는 마침내 거리에 나가서 99명을 죽여 목걸이를 만들고 100번째 사람을 찾던 중 저만치에 어머니가 나타났다. 아들이 거리에서 살인을 하고 있다는 전갈을 받은 어머니가 부리나케 아들을 찾아 나선 것이다.

어머니를 본 앙굴리마라는 순간 〈100번째로 어머니를 죽여서라도 도를 이룰 것인가? 도를 포기할 것인가?〉 하고 망설이고 있을 때 마침 앙굴리마라의 살인 소식을 들으신 부처님이 그 자리에 나타나시었다.

앙굴리마라를 향해 걸어가시는 부처님을 본 어머니가 「가지 마시오. 가면 죽여요」 하고 소리쳤으나 부처님은 태연하게 걸으시면서 「너는 서 있어도 마음이 움직이지만 나는 걸어도 마음이 움직이지 않는다」라고 하시며 다가서자 앙굴리마라는 칼을 치켜들고 내려 쳤다. 그러나 앙굴리마라의 팔이 움직이질 않았다.

힘이 빠진 앙굴리마라는 부처님 앞에 무릎을 꿇고 엎드렸다. 부처님은 앙굴리마라를 데리고 처소로 돌아가시어 제자를 삼으셨다.

어느 날 앙굴리마라가 탁발을 나갔다가 산통을 겪고 있는 여인을 보고 부처님께 「어떻게 해야 합니까」 하고 여쭙자 부처님께서 「나는 지금까지 남의 목숨을 해친 적이 없다고 말하면 된다」고 하시자 앙굴리마라가 머뭇거렸다.

그러자 부처님이 다시 이르셨다. 「너는 출가해서 새사람이 되지 않았느냐」 이 말을 들은 앙굴리마라가 그제서야 산모에게 「나는 지금까지 남의 목숨을 해친 적이 없다」고 말을 하자 산모가 순산을 했다. 살인자가 활인자(活人者)로 변한 것이다.

앙굴리마라는 99명의 유족들이 휘두르는 몽둥이를 맞고 죽게 되었지만 「저는 사는 것도 죽는 것도 원치 않는다. 오직 시절인연에 맡기겠다」면서 그 자리에서 죽었다.

앙굴리마라의 전생이 어떠했기에 이토록 처참한 일이 일어난 것일까.
한 왕에게 왕자가 있었으나 여인에 관심이 없었다. 그래서 왕은 아들의 옆방에 여인을 들여 놓고 울게 해서 왕자를 유혹하게 했다.
그 후로 왕자는 여인들을 탐내어 끝내는 나라 안의 모든 여인이 시집을 가려면 반드시 자기와 하룻밤을 같이 지내야 시집을 갈 수 있다는 명을 내렸다.
누구도 거역하지 못했는데 한 여인이 발가벗고 태자궁으로 가고 있었다. 이를 본 남자들이 「저 여자가 미쳤다」고 수근대자 그 여인은 「아, 이 나라에도 남자가 있었나?」 하고 겁 많은 남자들을 비아냥대자 그제서야 남자들이 마음을 굳히고 그 여인을 따라가서 왕자를 죽였다.
그 왕자는 앙굴리마라로, 왕은 바라문 스승으로, 발가벗은 여인은 바라문의 아내로, 왕자를 죽인 99명의 남자들은 앙굴리마라에게 죽은 사람들이다. 이 세상에 인과 아님이 어디 있으랴.

129

탐심·진심·어리석음 등 마음의 3독은 뿌리 뽑기가 어렵다. 그래서 〈단점을 장점으로 방향을 전환하라〉고 했다.
예컨대 어리석은 마음은 법문을 자주 들어서 지혜로워지도록 하면 어리석음에서 벗어나게 된다는 것이다.
어리석은 이는 맹하고 한 우물만 파고 눈치가 없지만 이를 장점으로 살려서 의지력과 집중력으로 전환해 꾸준히 정진하면 지혜로워지게 된다는 것이다.
그리고 탐심은 나의 처지와 능력에 맞게 〈베풀어서 중생을 구제하리라〉는 서원으로 탐욕을 다스리라고 했다.

밥 한 그릇, 따뜻한 말 한마디라도 베풀고 죽은 영혼을 위해 밥 한 그릇 떠 놓고 기도해 주는 등 내가 할 수 있는 범위 내에서 서원을 실천해간다면 큰 것은 아니어도 〈나도 베풀 것이 있구나〉 하고 감사하게 되고 꾸준히 행하다 보면 탐욕이 엷어진다는 것이다.
성내는 마음 진심(嗔心)은 분발심으로 다스리라고 한다. 성을 잘 내는 사람은 눈치가 빠르고 기억력이 좋아 척하면 3천리라고 순발력이 좋다.
이런 에너지인 〈분발심을 발휘해서〉 정진 수행하면서 인욕하는 마음을 닦으면 성내는 마음의 뿌리를 없앨 수 있다는 것이다.

130

『금강경』 제6 정신희유분(正信希有分).
바른 믿음은 매우 희귀하여 흔치 않음을 설했다.
말세에 금강경을 공부하는 이는 바른 신심을 낼 수 있다. 왜냐하면 그 사람은 과거세에 여러 부처님 처소에서 가르침을 듣고 선한 인연(善根)을 심었기 때문이다.
또 말세에 금강경을 듣고 신심을 내는 이들은 〈고정된 실체로서의 나가 있다는 집착에서 벗어난(無我相)〉 사람들이므로 〈나〉〈나는〉〈내가〉〈내가 누구한테〉 등 〈나〉를 내세우지 않는다.
곧 〈무아상 무중생상 무수자상〉(無我相 無衆生相 無壽者相)이라는 것을 터득했기 때문이다.
또한 〈이것만이 부처님의 진리이며 이것만이 옳다〉는 사상이 없음(非法相)을 알기 때문에 이것만이 부처님의 최고의 진리라는 고정관념도 없다.
자기 주장만을 고집하지 말라. 고정관념을 놓아버리라고 한다. 예를 들면 해가 동쪽에서 떠서 서쪽으로 지는 것은 지구에서 볼 때는 그렇지만 우주의 관점에서 보면 그렇지 않을 수도 있다는 사실을 알라는 것이다. 그래서 금강경에서는 〈뗏목의 비유〉처럼 내가 얻거나 알게 된 진리마저도 집착하지 말고 버리라고 한다.
과거에 선근을 심은 이는 그렇게 한다는 것이다.

131

이심전심(以心傳心).
문자나 법문을 떠나서 스승과 제자가 마음으로 법을 주고 받는 것을 말한다. 이심전심은 지금도 선가(禪家)의 전승법(傳承法)이다.
부처님께서는 가섭에게 3번 마음으로 법을 전하셨다고 한다.
1. 영산회상에서 꽃을 들어 보이셨다(擧拈花).
   영취산에서 부처님이 법화경을 설할 때 하늘에서 꽃비가 내리자 부처님께서 그 꽃 한 송이를 들어 보이시자 가섭이 미소를 지었다. 가섭은 부처님이 꽃을 들어 보이신 속뜻을 알고 미소를 지은 것이다.
2. 다자탑 앞에서 부처님이 가섭에게 앉을 자리를 조금 내주셨다(多子塔前 分半座).
   부처님이 다자탑 앞에서 설법을 하실 때 가섭이 좀 늦게 참석하자 부처님께서 앉으셨던 자리를 좀 내주시며 가섭을 앉게 했다.
3. 늦게 도착한 가섭에게 부처님께서 관 밖으로 발을 내밀어 보이셨다(槨示雙趺).
   부처님께서 열반하셨을 때 늦게 도착한 가섭이 슬피 울자 부처님께서 관 밖으로 발을 내보여 〈여래는 불생불멸한다〉는 뜻을 전하셨다.
이렇게 3번 가섭에게 부처님의 뜻을 마음으로 전하신 것을 〈이심전심〉이라 한다.

132

6근(根) 6경(境).
눈(眼)·귀(耳)·코(鼻)·혀(舌)·몸(身)·뜻(意)을 우리 몸의 뿌리 곧 6근(根)이라고 한다. 이 6근의 대상인 사물(色)·소리(聲)·냄새(香)·맛(味)·추위·더위·무게·감촉(觸) 등 모든 존재와 현상(法)을 6가지 경계(6境)라고 한다.
눈(6근)이 사물 곧 색(6경)을 보고 좋다 나쁘다(싫다) 좋으면 가까이 하고 싶고 싫으면 멀리하려고(반응) 한다.
귀는 소리를 듣고 좋은 소리 나쁜 소리를 판단한다. 분별심을 낸다.
코는 좋은 냄새만 맡으려 하고 혀는 맛있는 것을 쫓고 몸은 편하고 부드러운 것만 좋아한다.
의(의식)은 자기 습관(習)에 따라 판단하고 분별해서 끌어오고 밀쳐내고 한다. 이렇듯 모든 일은 다 마음의 변덕으로 일어난다.
나는 이런 사람이고, 저 사람은 어떻다 등 사람을 분별하는 것은 우리의 생각과 관념이다. 나의 생각과 관념도 변한다. 따라서 있는 그대로 보자. 일일이 분별하거나 반응하지 않는 것이 좋다.

133

부처님과 야쇼다라의 인연.
야쇼다라는 부처님이 출가하기 전 싯달타태자 때 결혼한 태자비이며 부처님의 외아들인 라훌라의 어머니다. 후에 부처님을 길러준 이모 마하파자파티가 출가할 때 같이 출가해서 비구니가 되었다.
부처님이 기원정사에 계실 때 제자 담마루따에게 「오랜만이네」하고 아는체 하시자 제자들이 담마루따를 어떻게 아시느냐고 여쭈었다. 그러자 부처님께서 전생 이야기를 하시었다.

과거 연등불 때 초술(선혜)이라는 수행자가 있었다. 마침 부처님이 마을에 오신다는 말을 듣고 꽃을 공양하려고 했으나 꽃을 구할 수가 없었다. 때마침 선미라는 낭자가 연꽃을 갖고 있다는 말을 듣고 찾아가서 500냥을 주며 꽃을 팔라고 하자「당신이 다음 생에 나와 부부의 연을 맺는다고 약속하면 팔겠습니다」라고 했다. 이에 초술이「다음 생에 부부가 된다 해도 나는 출가할 텐데 그래도 좋겠소?」하고 물었다. 그러자 그 낭자는「그래도 좋습니다」하고 꽃 5송이를 팔고 2송이는 자기 몫으로 같이 공양을 해달라며 7송이의 꽃을 건냈다.

마침내 부처님이 오시어 그 꽃으로 공양을 올렸다. 그런데 부처님이 가시는 길이 진흙탕이어서 초술이 옷을 벗어 깔았지만 다 덮이질 않았다.

그러자 초술이 엎드리더니 자기의 머리카락을 깔아서 진흙탕을 마저 덮어 부처님이 머리카락을 밟고 지나가시게 했다.

이때 뒤따르던 제자 담마루따가「부처님께서 어찌 남의 머리를 밟고 지나가십니까」하고 여쭈었더니 부처님께서「초술의 정성이 갸륵해 밟는다」고 하시며「다음 현겁세(賢劫世)에 석가여래라는 부처가 될 것이다」라고 수기(授記)를 주시었다.

「그때의 초술이 지금의 나다. 그리고 선미는 야쇼다라고 담마루따는 저기 있는 저 담마루따다」라고 하시었다.

지금도 사찰에서 결혼식을 할 때 부처님께 7송이의 꽃(七莖花)을 공양하는 것은 이 전생담에서 유래했다고 한다.

134

절의 각 전각은 그 곳에 모신 부처님과 보살 그리고 나한 등에 따라 이름을 붙인다. 석가세존을 모신 전각은 〈대웅전〉, 약사여래를 모시면 〈약사전〉, 관음보살을 모시면 〈관음전〉, 지장보살을 모시면 〈지장전〉, 나한을 모시면 〈나한전〉이라고 한다.

이런 각 전각에는 〈상단〉〈중단〉〈하단〉이 있는데 상단에는 부처님이나 보살을 모시는데 그 좌우에 십대제자나 아라한을 모시기도 한다. 이를 〈협시〉(脇侍)라고 한다. 협시는 옆에서 모시는 시자를 말한다.

중단은 신중단이라고도 한다. 수다원과 사다함과 등의 경지에 오른 성문(聲聞)의 형상을 그린 탱화(그림)를 모신다. 이 성문은 4단계(四果)가 있다.

첫째 단계 수다원과 : 예류과(預流果)라고도 한다. 7번 인간으로 태어난 후에야 다시 태어나지 않는다(不生)고 한다(7왕래).

둘째 단계 사다함과 : 일왕래라고도 한다. 천계와 인간계에 한번씩 다시 왔다가야 다시는 태어나지 않는 불생(不生)을 얻는다.

셋째 단계 아나함과 : 불환과라고도 한다. 인간계에 다시 오지 않고 불생을 얻는다.

넷째 단계 아라한과 : 모든 수행을 다 마쳐서 사람과 천인의 공양을 받는 응공의 경지에 올라서 다시는 태어나지 않는 불생을 얻는다.

이처럼 수행한 경지에 따라서 다시 태어나기를 거듭하며 차차 높은 경지에 오르게 된다.

천계에 태어났는데 왜 다시 인간계에 태어나야 하는가?

견혹(見惑)과 사혹(思惑)을 온전히 끊지 못했기 때문이다. 이를 다 끊으면 다시는 태어나지 않는다. 이를 불생이라고 한다.
우리 인간은 잘못 살아서 나쁜 곳에 태어나기에 〈시달림〉〈7재 곧 49재〉〈100재〉 등 천도재를 지내서 구제하는 것이다.
금생에 첫째 경지인 수다원과 이상을 성취해서 내생에는 천상에 나서 더 발심하여 성불하도록 정진하자.

135

산사람은 육체를 가지고 있는 영혼이다.
부모가 생전에 좋은 자식을 두면 부모가 죽은 뒤에 죽은 부모를 위해 기도도 해주고 제사 차례도 잘 지내주는 등 천도를 받게 된다.
그러나 이런 인연을 못 만난 부모는 죽어서 무주고혼이 되어 방황하게 된다고 한다.
죽은 뒤에 천도해 주기를 바라지 말고 살아서 이 몸 갖고 있을 때 정법(正法)에 귀의해서 바르게 수행하는 것이 가장 믿을 만한 천도의 길이다.
생전에 선업도 짓지 않고 죽은 뒤에 자손들의 천도로 좋은 곳에 나겠다는 생각은 말아야 한다.
부처님께 한 농부가 찾아와서「우리 동네의 바라문이 말하기를 "나만 믿으면 지은 죄도 없애주고 죽은 뒤에 천상에 나게 해주겠다"고 합니다. 붓다인 당신도 그런 신통력이 있나요?」하고 여쭈었다. 그러자 부처님께서 미소를 지으시며「내가 한가지 묻겠소. 집에 기름항아리가 있소?」「아 있지요. 기름항아리 없는 집도 있답니까」하고 역정을 냈다.
옛 인도에서는 기름이 생필품이어서 부잣집은 좋은 기름을 썼고 가난한 집에는 값싼 기름이라도 있었다고 한다.
「기름이 든 항아리를 연못에 던지면 어찌되겠소?」「아 그야 깨지겠지요」「그럼 기름은 어찌되겠소?」「기름이야 물에 뜨지요」「그렇소. 바라문이 물에 가라앉은 항아리를 떠오르라고 기도하면 그 항아리가 떠오르겠소?」「당치도 않소」「그렇소. 바라문이 기도를 한다고 죄를 짓고 지옥에 떨어진 사람이 천상에 날 수 있겠소?」
그 농군은 곧 알아듣고 부처님께 예배하고 「과연 붓다십니다. 저의 명이 다하는 그날까지 붓다께 의지해 살겠습니다. 그리고 가르침대로 행하겠습니다. 저를 받아 주십시오」 하고 귀의했다.
기름이 물에 뜨듯이 선업을 지은 이는 천상에 나게 되고 악업을 지은 사람은 지옥·아귀·축생·삼악도(三惡道)에 떨어지는 것이다. 살아있는 동안에 생사 없는 진리와 하나가 되는 것 곧 적극적으로 수행하는 것이 천상에 날 수 있는 가장 믿을 수 있고 확실한 길이다.
참선에서는 생사가 없다고 한다. 진리를 깨달은 사람에게는 생사가 없다. 깨닫지 못한 이에게는 아프고 괴로운 생 그리고 죽음이 있을 뿐이다.

136

기원정사의 사리불이 세상 돌아가는 것을 살피는 한편 장사도 할 겸 장사꾼의 무리를 따라 전국 곳곳을 돌아다녔다.
장사꾼 일행이 길을 떠날 때 개 한 마리를 데리고 떠났는데 그 개가 한 장사꾼의 고기를 훔쳐먹었다. 그러자 일행은 그 개를 패고 내버리고 떠났다.
이를 본 사리불이 매를 맞아 쓰러진 개에게 먹을 것을 주고 기운을 차리게 했다. 그리고 법을 설해 주었으나 그 개는 명이 다했는지 죽고 말았다. 그 후 그 개는 어느 수행자의 집에 다시 태어났다.

하루는 어떤 사람이 남자 아이를 데리고 사리불에게 와서 「이 아이를 출가시키려고 하니 맡아주십시오」했다. 사리불은 「이 아이가 7살이 되거든 데리고 오시라」며 돌려보냈다.

그 아이가 7살이 되어 사리불에게 와서 출가를 했다. 그 소년은 워낙 총명해서 가르치는 대로 잘 수행해서 마침내 도를 깨쳤다. 그래서 그 소년이 「나는 어떤 인연으로 사리불과 같은 훌륭한 스승을 만나게 되었을까?」하고 전생을 살펴보았다.

그 소년은 전생에 개였는데 사리불의 도움으로 한 수행자의 집에 태어났다가 다시 사람으로 태어나서 사리불을 만나 출가를 하게 된 것을 알고 매우 기뻐했다. 사리불은 과연 부처님이 라훌라의 스승으로 삼을 만한 훌륭한 수행자였다.

137

부처님의 집안(家系)

친가		외가	
할아버지	사자협	어머니	마하마야
아버지	정반왕	외할아버지	아누샤카
작은 아버지	백반왕	외삼촌	선각
사촌	아난 · 데바닷다	이모	마하파자파티
작은 아버지	곡반왕		
사촌	아스파 · 베티카		
작은 아버지	감로반왕		
사촌	마하나마 · 아누룻다		

할아버지인 사자협왕과 외가인 아누샤카족은 같은 석가족으로 로히니강을 사이에 두고 위 아래에 살면서 두 나라 사람들이 서로 혼인하여 혈통을 유지했다.

아누샤카는 다른 말로 구리족이라고 한다.
부처님께서 왕자 때 결혼한 야쇼다라가 구리족 출신이었던 것을 보아도 같은 종족끼리 혈통을 유지했었다는 것을 알 수 있다.
신라 때도 진골은 진골끼리 성골은 성골끼리만 결혼했었다.
데바닷다는 부처님의 사촌이지만 부처님께 반역을 했다. 그래도 부처님께서는 나는 데바닷다가 있어 공부를 열심히 할 수 있었다고 회고하시기도 했다. 그래서 데바닷다를 〈스승 역행보살〉이라고도 한다.

138

물방울이 찰나간(刹那間)에 떨어져 얼음이 되듯이 어찌 해볼 새도 없고 잡을 수도 없고 들을 수도 없고 냄새를 맡을 새도 없다.
푸른 나무나 풀의 빛깔이 아름답구나.
잡을 수도 볼 수도 없는 것이 진리의 당체(當體)다.
봄이 오면 움이 트고 여름이 되면 잎이 무성하고 가을이 되면 울긋불긋 단풍이 들고 흰구름이 하늘을 날고 겨울이 되면 세상이 다 얼어붙는다.
그러나 다시 봄기운이 돌면 얼음덩이가 녹아서 농사도 짓고 빨래도 하고 목도 축인다.
한겨울의 얼음만이 진리인 줄 알고 찾으려면 못 찾는다. 봄 여름의 모습. 자고새가 우는 소리 등 이 모두가 진리다. 이런 것들을 통해 진리의 근본을 볼 수 있어야 한다.
눈으로 어떤 사물을 보았을 때 〈이 뭣고〉 하라는 것이다. 그것들을 떠나서는 진리를 따로 찾을 길이 없기에 그러는 것이다.
언제 어디서나 진리의 눈을 뜰 수 있다. 우리가 있는 이곳 그리고 지금의 상황을 떠나서는 진리를 깨칠 수 없다.

139

가비라국(迦毘羅衛)의 멸망.

가비라위는 부처님 고향인 〈카피라바투〉의 한자표기다. 샤카족의 고장인데 그 이웃에 코살라라는 강대국이 있었다.

이 강대국 코살라의 파사익왕이 왕비감으로 샤카족의 여인을 보내달라고 했다. 그러자 샤카족은 회의를 해서 마하나마왕과 하녀 사이에 태어난 서출(庶出)을 왕족으로 속여서 보냈고 파사익왕은 이 여인을 제1왕비로 삼아 유리왕자를 낳았다.

왕자가 8살이 되자 외가가 있는 카피라바투로 유학을 보냈다. 그때마침 큰 강당이 준공되어서 부처님을 모시고 법회를 하게 되었는데 유리왕자가 샤카족의 어린이들과 어울려 돌아다니는 것을 본 사람들이「천한 하녀의 자식이 어떻게 여기에 들어왔느냐」며 핀잔을 주었다.

많은 사람이 모인 자리에서 무안을 당한 왕자는「내가 왕이 되면 반드시 오늘의 모욕을 갚아 주겠다」고 다짐을 했다.

그 뒤 유리왕자는 아버지를 폐위시키고 왕이 되자 신하들을 모아놓고「이 나라의 4군(軍)을 모두 소집하라. 카피라바투의 모욕을 갚아 주겠다」고 선언했다.

4군이란 코끼리부대(象軍)・기마부대(馬軍)・전차부대(車軍)・보병부대(步兵)를 말한다.

유리왕은 4군을 이끌고 카피라바투로 진군을 했다.

이 소식을 들으신 부처님께서 길목의 고목 아래에 앉아 기다리셨다. 부처님을 본 유리왕이 말에서 내려 부처님 앞에 이르러「왜 무성한 나무그늘을 놔두고 나뭇잎 하나 없는 고목 아래에 앉아 계십니까?」하고 아뢰자 부처님께서「일가붙이 하나없이 사는 것은 이런 것이요」하시었다.

부처님의 속뜻을 알아들은 왕은 4군을 거두어 되돌아갔다.
2번째 3번째도 침범하려는 유리왕을 말리셨으나 4번째는 부처님도 〈카피라바투와 코살라국의 업보를 주고 받을 때가 되었다〉는 것을 아시고는 막지 않으셨다.
유리왕이 카피라바투를 점령하고 많은 사람을 죽이자 마하나마왕이 유리왕에게 「나의 마지막 소원 하나만 들어달라」고 말했다. 「소원이 무엇이오?」 「내가 물에 들어 갔다가 나올 때까지만 저 사람들이 피할 시간을 주시오」 하고 간청을 하자 「그런 소원이라면 들어주겠소」 하고 허락하자 마하나마왕은 물속에 들어갔다.
왕은 자기 몸이 떠오르지 않도록 머리를 풀어 나무 뿌리에 동여맸다. 아무리 기다려도 왕이 나오지 않아 군사를 시켜 물속을 살피게 하니 왕은 이미 죽어 있었다.
이를 본 유리왕은 더 이상 사람들을 죽이지 않고 샤카족의 여인들 500명을 끌고 가려고 하자 그 여인들은 끌려가지 않으려고 저항을 했다.
화가 난 유리왕은 그 여인들의 손 발을 묶어 구덩이에 몰아넣고 돌아갔다. 손발이 묶인 채 구덩이에 버려진 샤카족의 여인들은 「널리 법비를 내리시어 만인을 구원하시는 세존께서 고통 받는 저희들도 구원해 주소서」 하고 기원을 했다.
부처님은 제자들과 여러 제석천(帝釋天)을 거느리고 이 참혹한 카피라바투에 오셔서 시신을 거두시고 영가들을 천도해 주셨다.
그렇다. 서로의 업보로 죽고 죽여야 할 인연이라면 어디에 있어도 죽는 것이다. 나라와 나라의 전쟁도 인과 때문에 일어난다.
한 순간에 짓는 업이 이렇게 참혹한 결과를 낳는 것이다.

부처님께서 「오른쪽 어깨에 부모님을 메고 수미산을 오르느라 살갗이 닳고 뼈가 드러나도 부모님 은혜를 다 갚지 못하고, 내 살을 도려내서 봉양을 한다 해도 그 은혜를 갚지 못할 것」이라고 하시었다. 부모님은 절에 계신 부처님과 같고 나와 가장 가까운 분이다. 안부라도 자주 여쭙고 그 은혜를 잊지 말자.

뒷 이야기

이 책을 내야겠다고 생각하기 시작한 것은 지난 해 늦은 봄이었습니다.
여름 장마, 가을 단풍, 눈 덮인 한겨울의 추위를 견디고 설이 돼서야 책이 되어 나오게 되었습니다.

그 동안 손으로 쓴 글을 컴퓨터에 입력해 주신 정문영 님과 그 많은 글을 세 묶음으로 나누고 윤문해서 편집해 주신 도하 거사님의 노고가 만만치 않았는데 고맙습니다. 그리고 한일기획의 김철현 님도 고맙습니다.

이 책의 모습이 차츰 드러나기 시작하면서 그 동안 저희를 도와주신 여러 신도님들 특히 표도 내지 않고 꾸준히 도와주신 임명자(연화장)·경애(보광월)·명옥(법륜화) 세 자매님이 생각났습니다. 정말 고맙습니다.

모든 분께 부처님의 가피가 가득하시기 바랍니다. 아니 가득하실 겁니다.

2013년 계사 설날

반 야 사
현일 합장

이래도 한평생 저래도 한평생
이왕이면 행복하게 살자

2013년 1월 25일 발행
2013년 2월 8일 1쇄

지 은 이 / **일홍(최혜헌) 스님**
펴 낸 이 / **윤현호**
펴 낸 곳 / **뿌리출판사**
편집제작/ **한일기획** (02-2279-6425)
홈페이지/ **www.rootgo.com**
E-mail / root1115@daum.net / rootgo@dreamwiz.com
주   소 / 서울시 성동구 성수 2가 3동 275-29 대군인더스타운 802호 우편번호/133-831
전   화 / (代)2247-1115, 466-4516, 팩 스 / 466-4517
출판등록 / 서울시 등록(카) 제 1-551호 1987.11.23

ⓒ 2013. 일홍(최혜헌)스님

값/ 12,000원
ISBM 978-89-85622-84-4-03810

*잘못된 책은 바꾸어 드립니다.
*인지는 저자와의 협의에 의하여 생략합니다.